L'ENCEINTE ROYALE DE TANANARIVE

Avec toute l'amitié et la reconnaissance de la part de l'équipe ERGC.

Merci du riche "patrimoine" que vous avez laissé.

Equipe ERGC.

Mars -2011.
Madagascar

Michèle DELAHAIGUE PEUX

L'ENCEINTE ROYALE DE TANANARIVE

Contribution à l'histoire d'une cité perdue

Ny Rova Very

(MADAGASCAR)

Volume 2

L'Harmattan
5-7, rue de l'École Polytechnique
75005 Paris - FRANCE

L'Harmattan Inc.
55, rue Saint-Jacques
Montréal (Qc) - CANADA H2Y 1K9

ISBN : 2-7384-9348-3

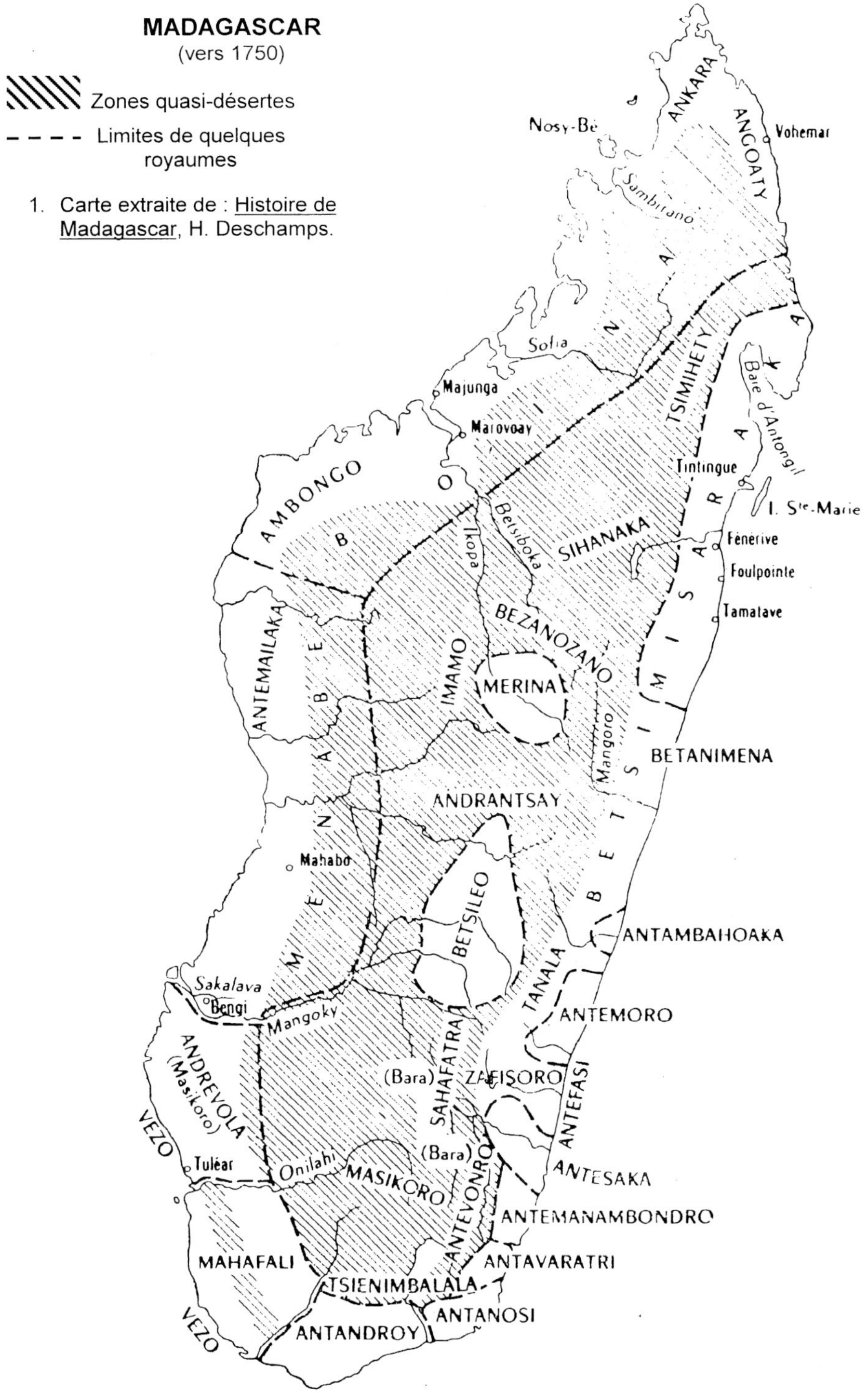

Carte extraite de : *Histoire de Madagascar*, H. Deschamps.

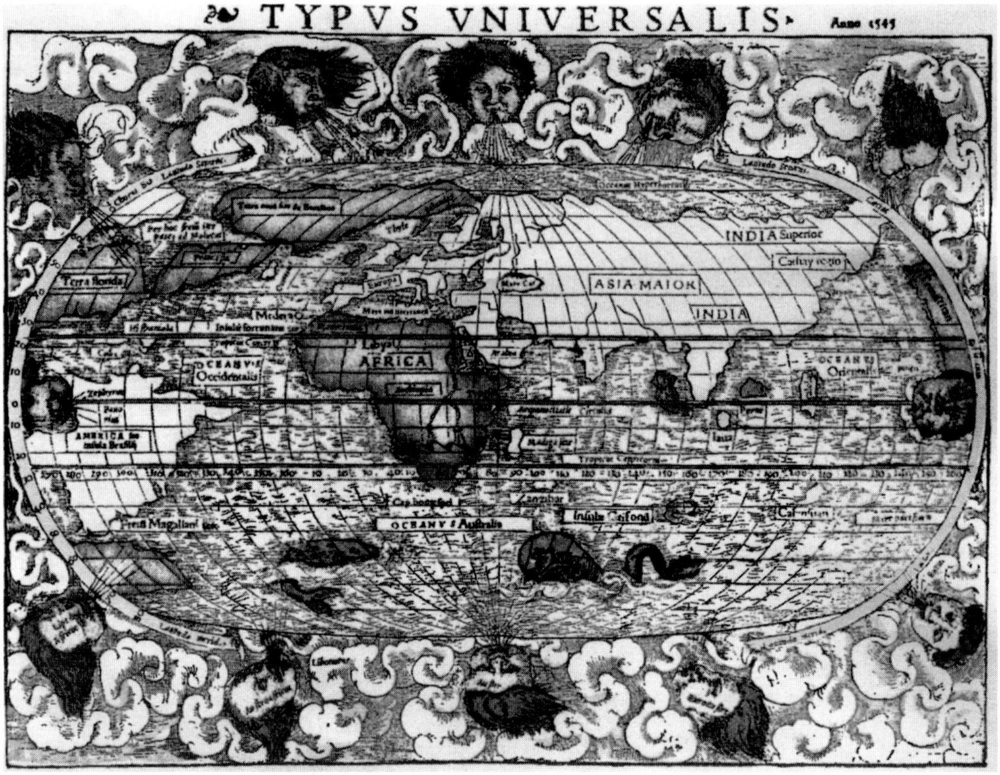

L'Afrique et Madagascar en 1545, F. T. M.

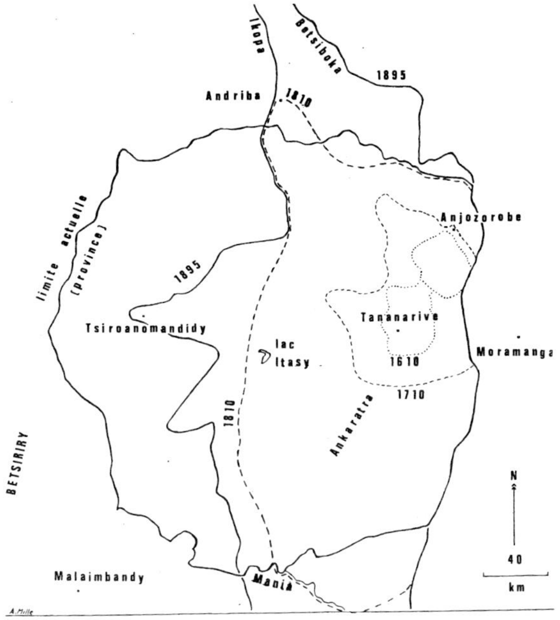

Les limites successives de l'Imerina, carte de A. Mille, extraite du mémoire de maîtrise : *Les transformations de l'architecture funéraire en lmerina*, J. F. Lebras.

Les limites de l'ancienne cité, cliché extrait de : *Les anciennes portes de Tananarive*, Revue de Madagascar, 1949, N° 7, J. Millot.

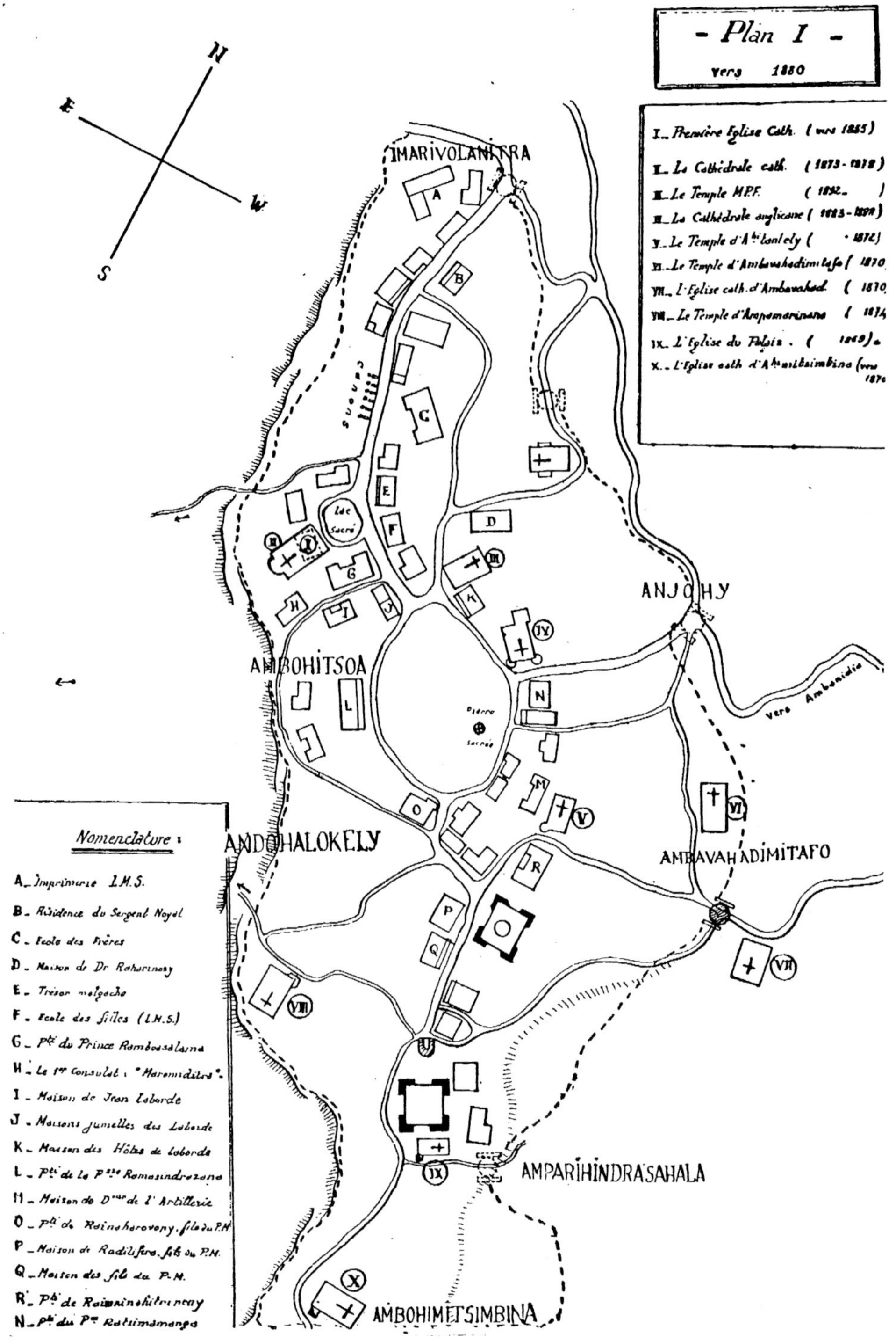

Les limites de l'ancienne cité, plan vers 1880, croquis extrait de :
Les vieux sites de Tananarive, Revue de Madagascar, 1949, N° 7, Me. G. Pain.

PLAN DU ROVA D'ANTANANARIVO.

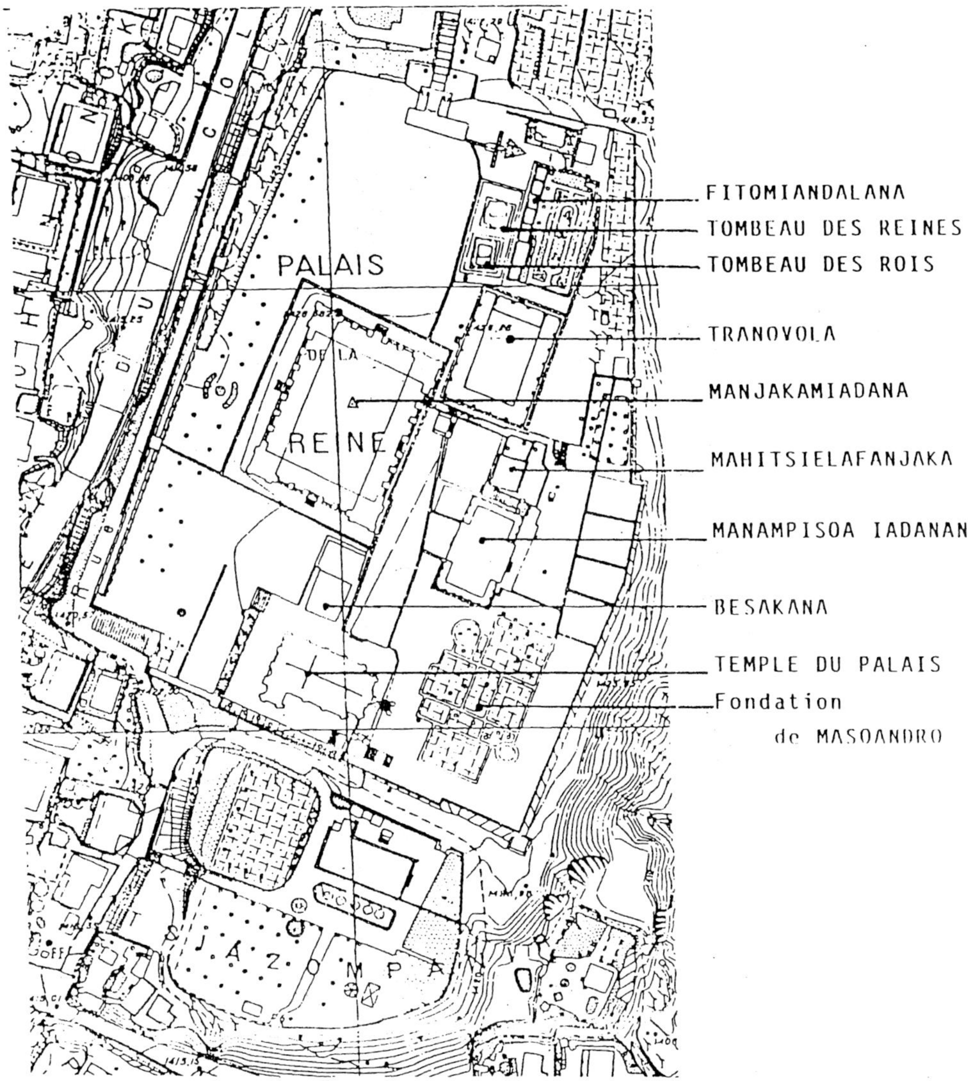

A. — Feuille N° 66 *« Palais de la Reine ». Plan au 1/1 000 de Tananarive.*
Héliogravure du Service Géographique de Madagascar (1937)

Plan du Rova de Tananarive, 1937, Service Géographique de Madagascar.

Vue aérienne du Rova, 1994, F. T. M.

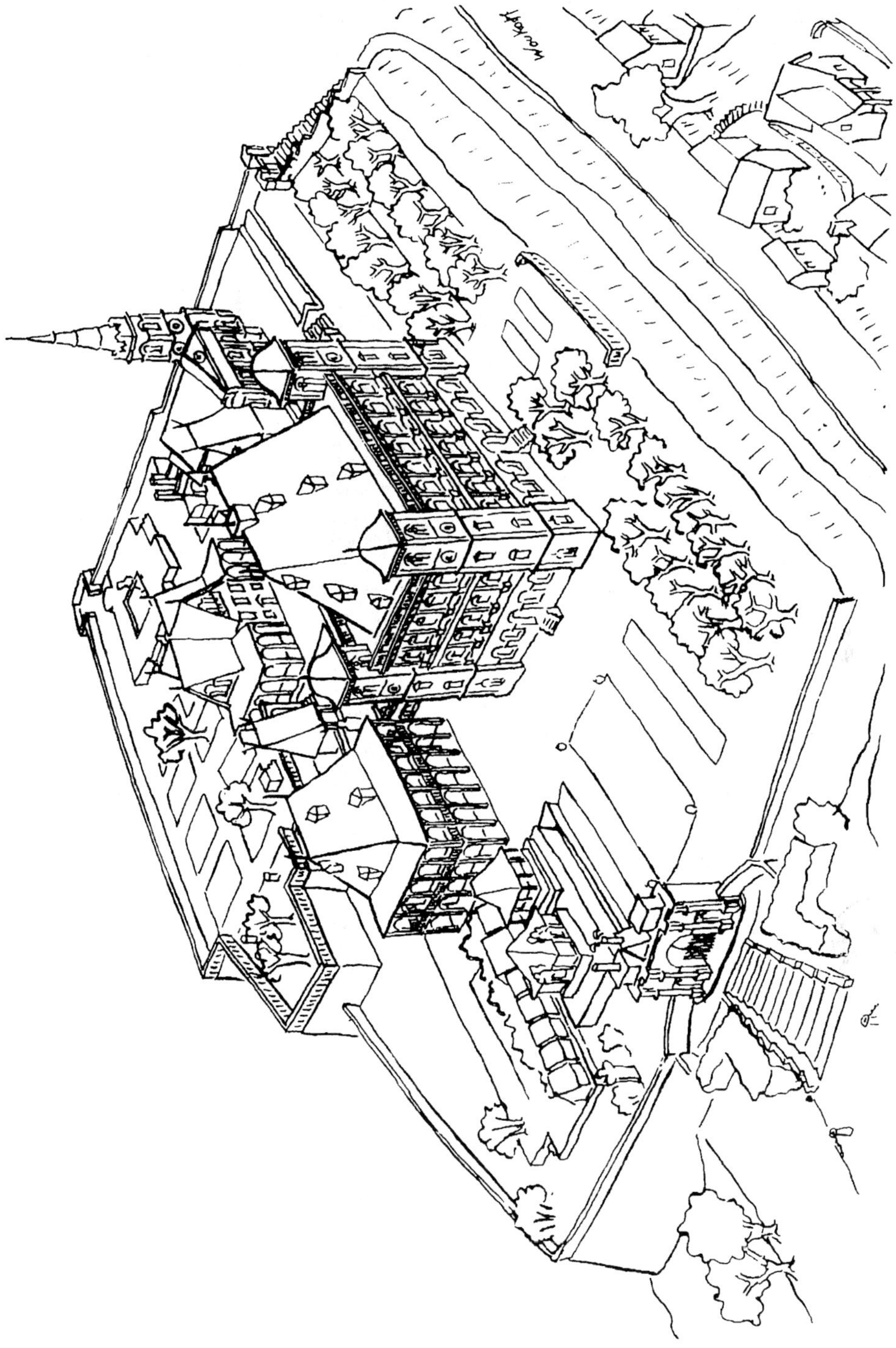

Le Rova de Tananarive vu par W. Woulkoff, croquis extrait de :
La conception du monde, du surnaturel et de l'homme en Imerina, L. Mollet.

Le portail Nord du Rova, état en 1993, cl. M. D. Peux.

Façade Nord de *Manjakamiadana*, à gauche le tombeau des Rois, *Tranovola*, état en 1993, cl. M. D. Peux.

Vue aérienne, à gauche, le Tombeau des Reines, à droite : le tombeau des Rois. Au second plan, les « Sept tombes alignées », état entre 1930 et 1940, ANTA.

La dernière des « Sept tombes alignées » à gauche.
À droite le tombeau des Reines, état entre 1930 et 1940, ANTA.

Façade Nord de *Manjakamiadana*, état le 8 novembre 1995, cl. M. D. Peux.

Mahitsy, façade occidentale, état en 1993, cl. M. D. Peux.

Manampisoa, façade orientale, état en 1993, cl. M. D. Peux.

Le Temple du Palais, façade occidentale, à gauche : *Besakana*, état en 1993, cl. M. D. Peux.

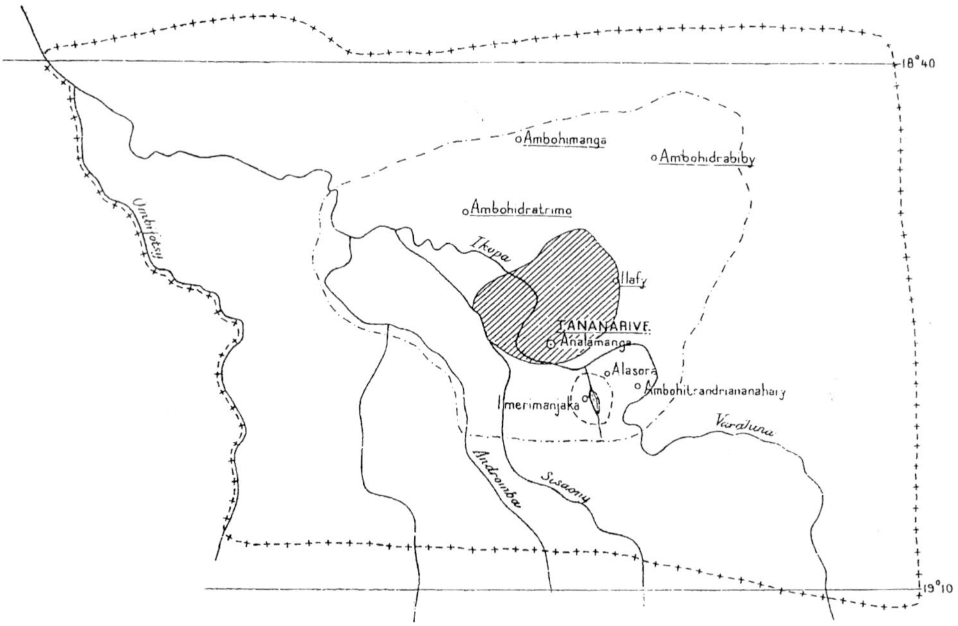

Le royaume Vazimba d'Analamanga, carte extraite de : *Manuel d'Histoire de Madagascar*, S. Chapus, A. Dandouau.

Estimation du Rova d'Andrianjaka, croquis M. D. Peux.

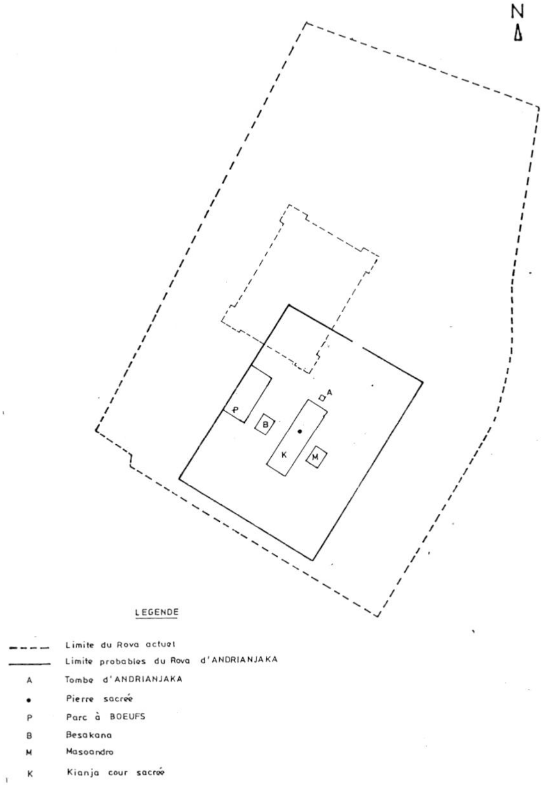

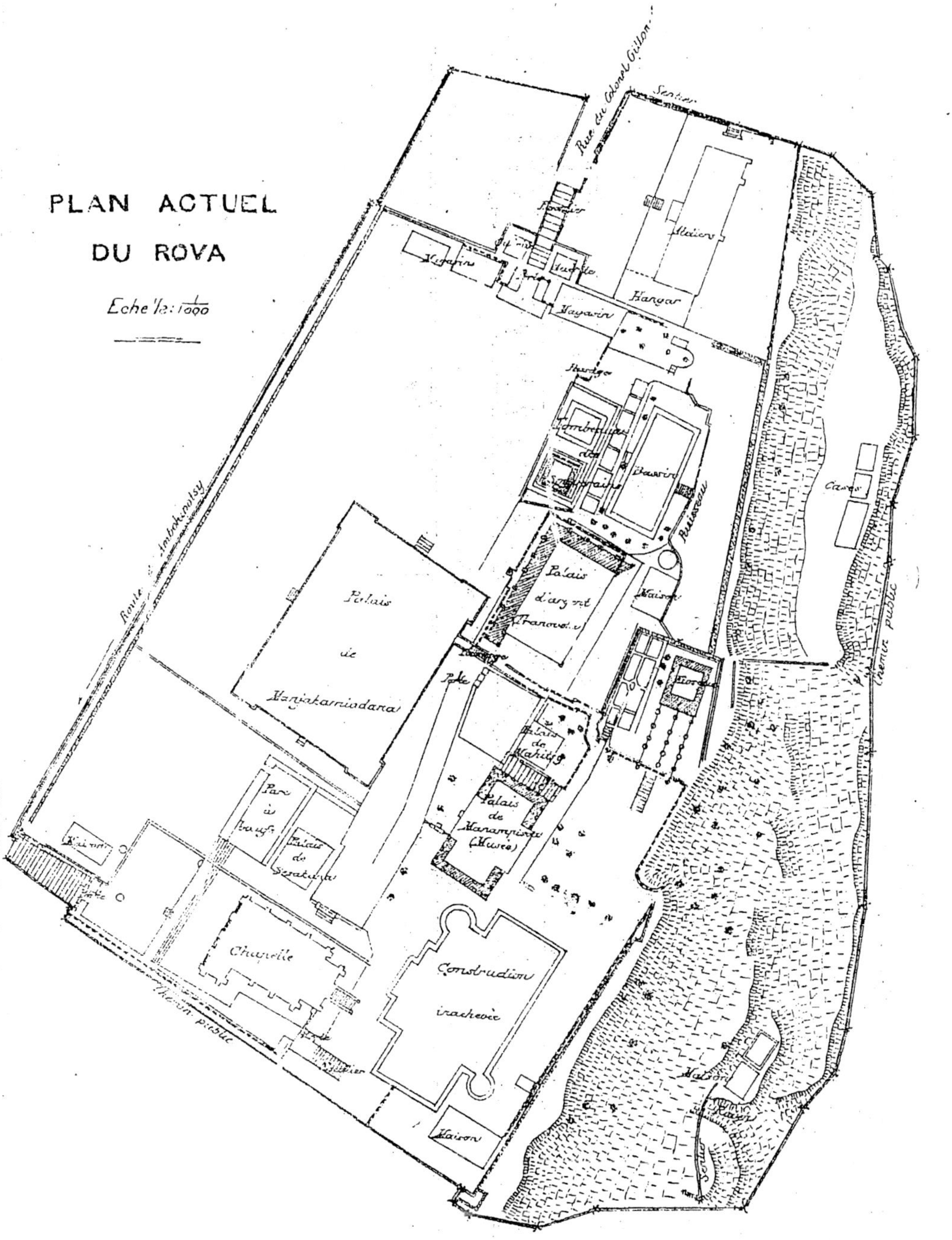

Plan du Rova en 1903, Fonds Grandidier.

Besakana, état en 1970, carte postale Giambrone.

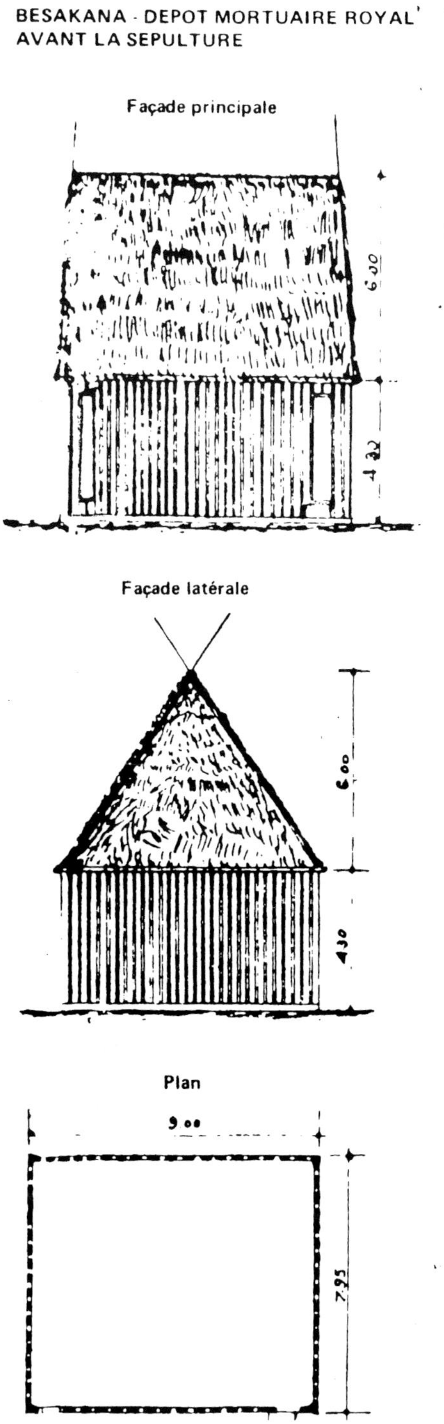

Besakana, plan, élévations adressés en 1994 à l'UNESCO
par M. Razakamanantsoa Solo, architecte.

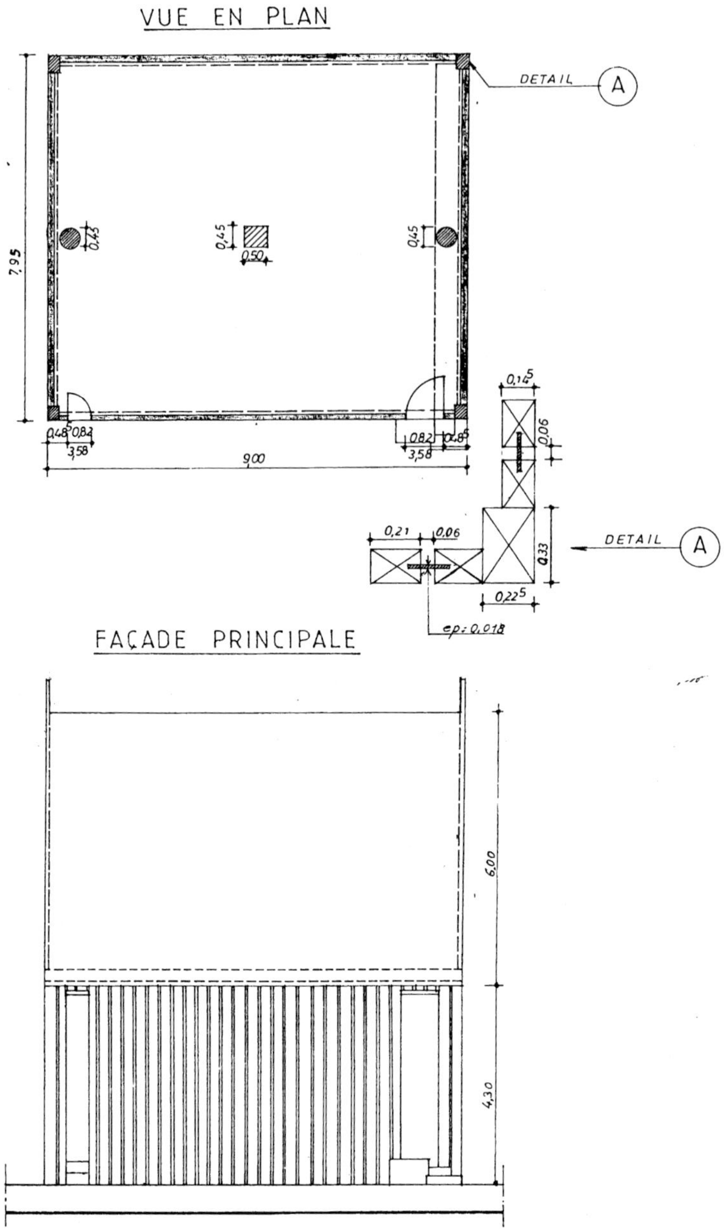

Besakana, plan, élévation dressés par M. Perrin, architecte du Gouvemement, en 1956, DINIKA.

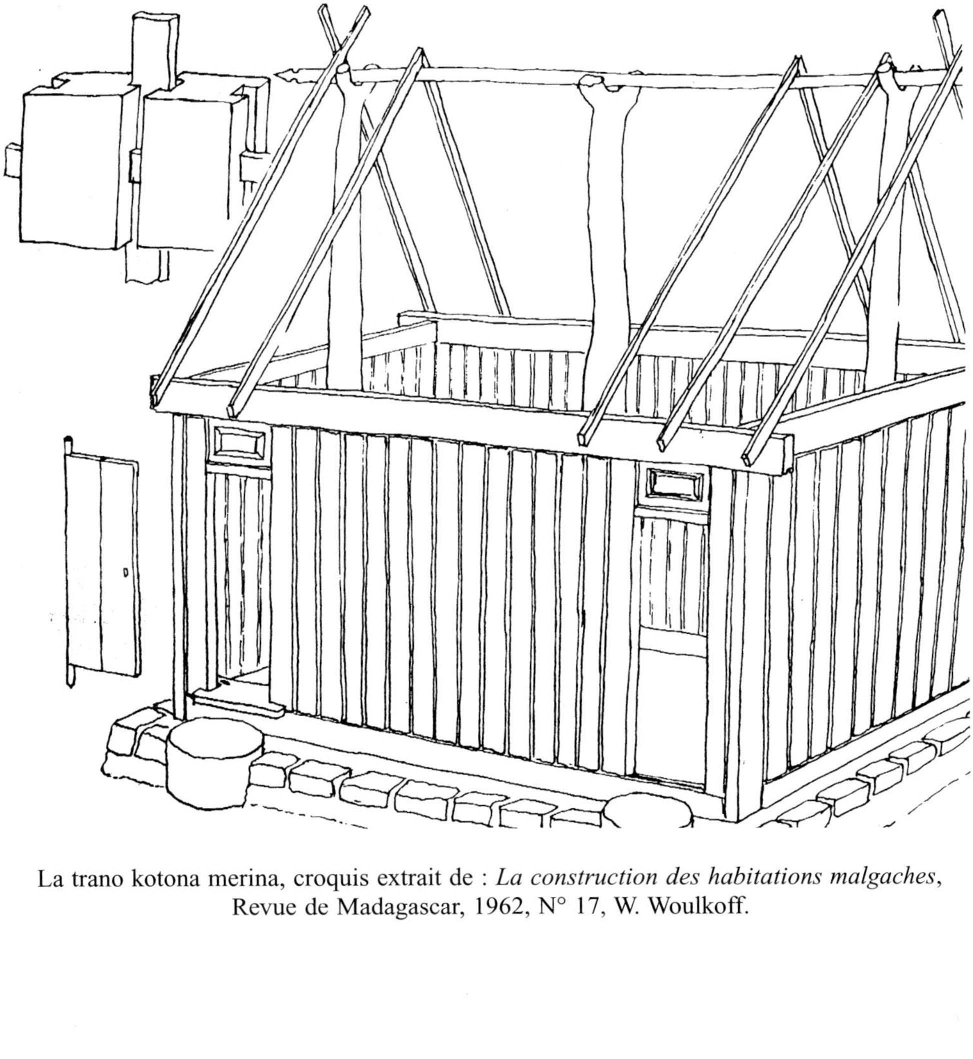

La trano kotona merina, croquis extrait de : *La construction des habitations malgaches*, Revue de Madagascar, 1962, N° 17, W. Woulkoff.

Les « Sept tombes alignées », emplacement initial, (au centre de l'illustration).
A droite et au dessus, *Manampisoa*, Fonds Grandidier.

Les « Sept tombes alignées », emplacement initial, au second plan : *Manampisoa*.
Image extraite de : *Twelve Months in Madagascar*, J. Mullens.

Besakana, état le 8 novembre 1995, cl. M. D. Peux.

Les « Sept tombes alignées », vue prise vers le Nord, état le 8 novembre 1995, cl. M. D. Peux.

Les « Sept tombes alignées », vue prise vers le Sud, état le 8 novembre 1995, cl. M. D. Peux.

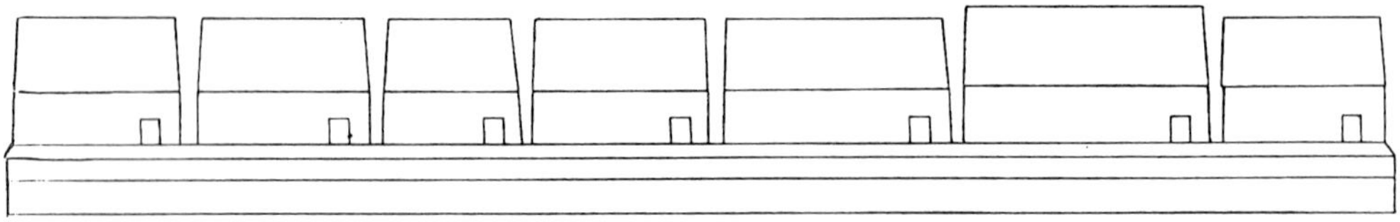

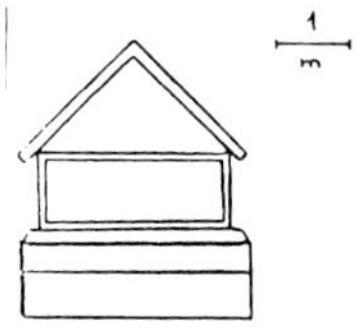

Les « Sept tombes alignées », croquis extrait de : *Les transformations de l'architecture funéraire en Imerina*, J. F. Lebras.

Les « Sept tombes alignées », photothèque du Musée de l'Homme, cl. Dr Teissonnière, non daté.

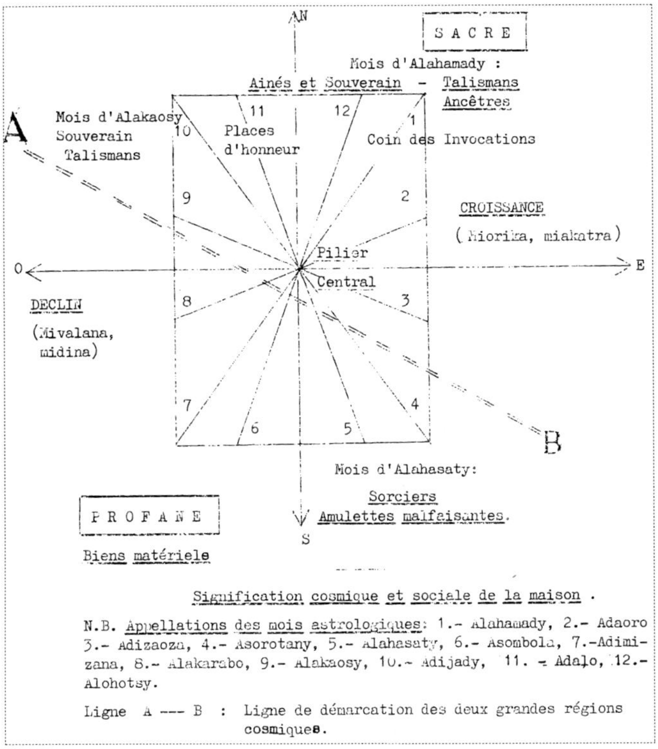

Signification cosmique et sociale de la maison, croquis extrait de : *Interprétation d'une tradition orale, l'Histoire des Rois d'Imerina*, A. Delivré.

Mahitsy, façade occidentale, état en 1993, cl. M. D. Peux.

La cour pavée de *Mahitsy*, l'angle Nord-Ouest, état en 1993, cl. M. D. Peux.

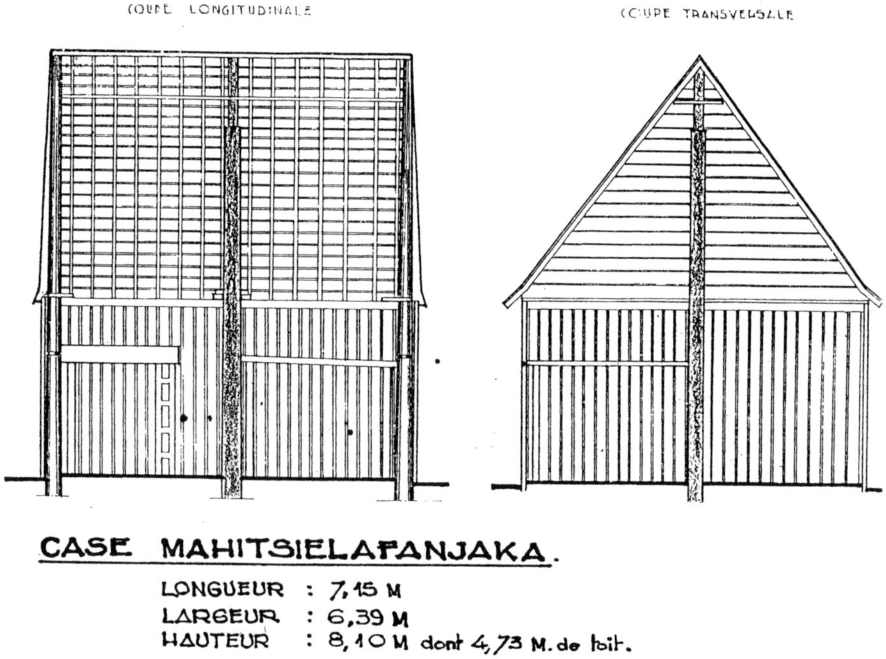

Mahitsy, coupe transversale, longitudinale, état en 1993, coll. M. D. Peux.

Mahitsy, le lit du Roi, état en 1993, cl. M. D. Peux.

La porte d'Ikodoka, état en 1996, cl. M. D. Peux.

Détails de la porte d'lkodoka, état en 1996, cl. M. D. Peux.

Détails de la porte d'lkodoka, état en 1996, cl. M. D. Peux.

L'ancienne porte donnant accès à la cour pavée de Mahitsy,
photothèque du Musée de l'Homme, cl. Dr. Teissonnière, non daté.

Ikodoka, état en 1996, cl. M. D. Peux.

Ikodoka, état en 1996, cl. M. D. Peux.

Ikodoka, état en 1996, cl. M. D. Peux.

Imanjakatsiroa, image extraite de : *Les Dieux au service des Rois*, J. P. Domenichini.

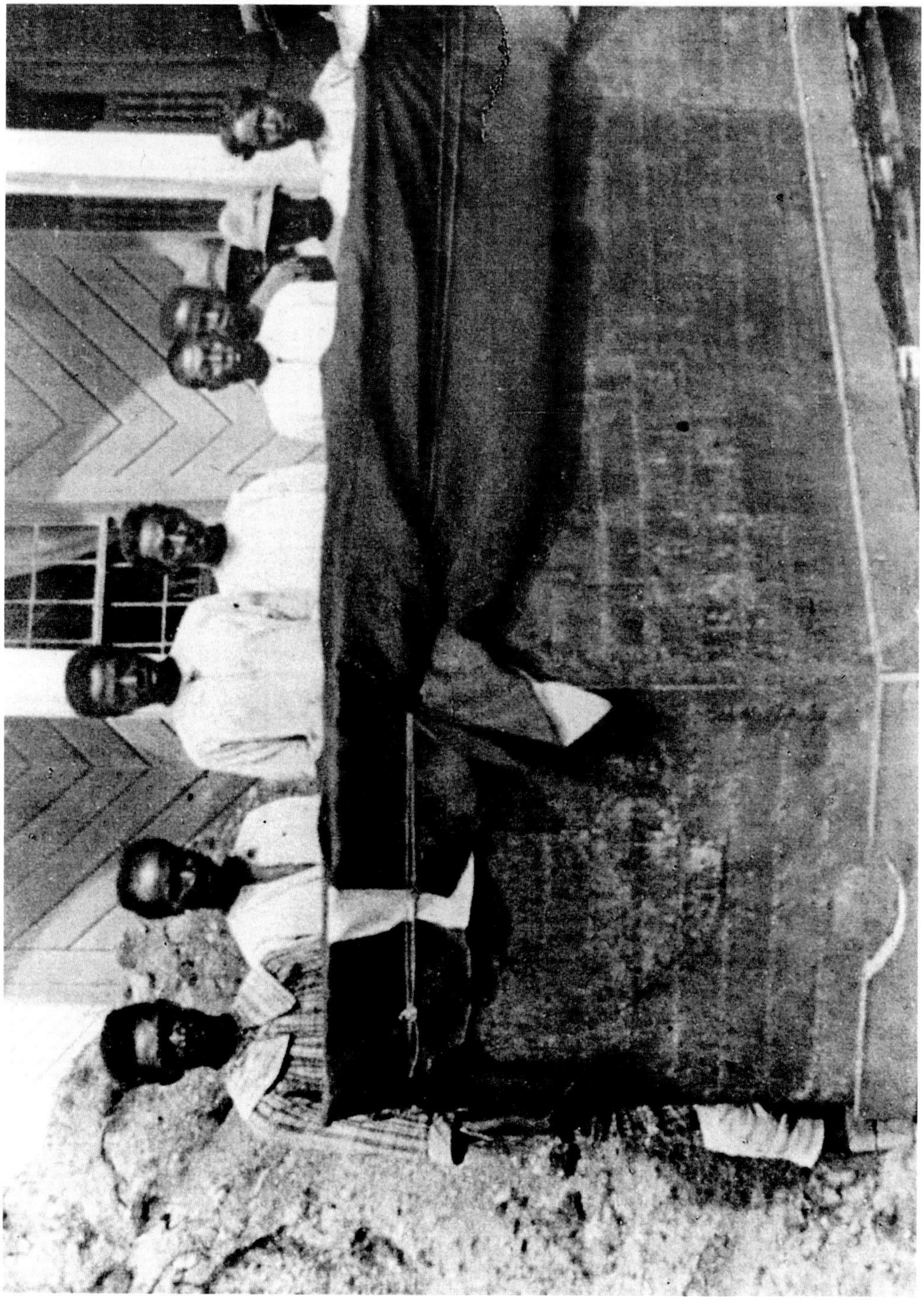

La chambre funéraire d'Andrianampoinimerina, état en 1913,
Fonds Grandidier,

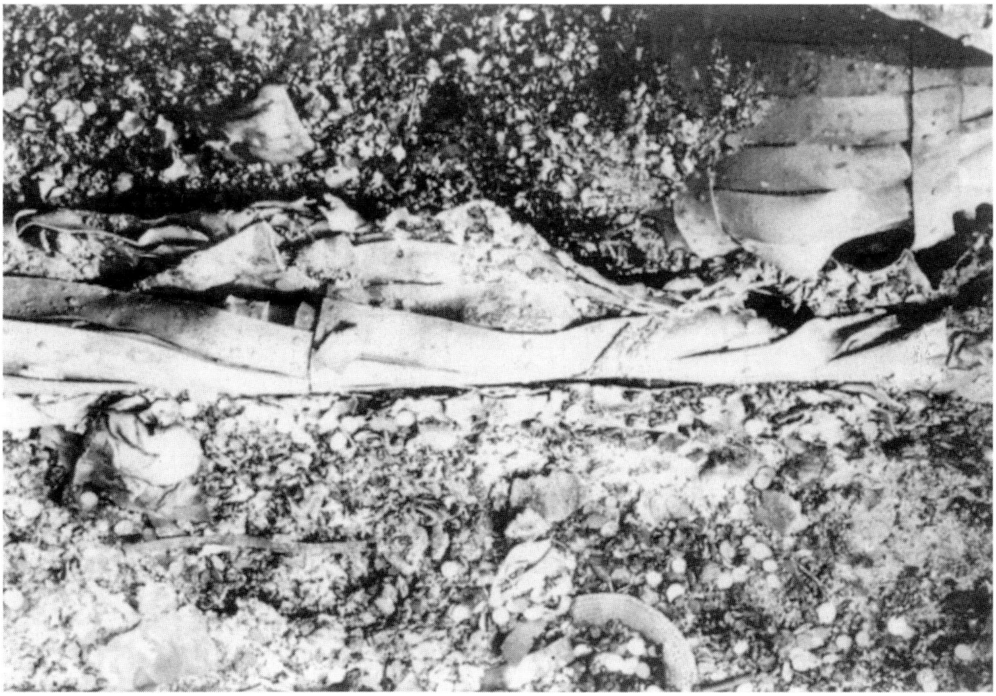

Les « pirogues d’argent », état le 8 novembre 1995, cl. M. D. Peux.

Les «pirogues d’argent», état le 8 novembre 1995, cl. M. D. Peux.

A Tombe d'Andrianjaka.
• Pierre sacrée
CJ Présence probable d'une **Cour de Justice** plantée d'arbres.
0 Les « 7 maisons saintes »
1 **Manjakamiadana,** dit aussi Felatanambola, demeure du souverain., accès interdit aux esclaves.
2 **Manatsara,** demeure du souverain, ses épouses et ses enfants n'y résident pas.
3 **Soaniadanana**, autre demeure du roi.
4 **Mahitsielafanjaka** (Mahitsy), demeure du roi et d'une de ses épouses, lieu où réside l'idole Manjakatsiroa.
5 **Masoandrotsiroa** (Masoandro), demeure de la soeur aînée du roi, Rangita.
6 **Besakana**, demeure de la soeur du roi, Ralesoka et de la future Ranavalona I
7 **Nanjakana**, dit aussi Miandrifanjakana, demeure de deux des épouses du roi
8 **Rarihasina**, demeure de deux des épouses du roi.
9 **Mahaizamirindra**.
10 **Fohiloha**, autre demeure de Ralesoka.
11 **Tsarazohy**, demeure de l'une des épouses du roi.
12 **Bado**, demeure de la principale épouse du roi, Rasendrasoa.
13 **Voahangy**, demeure de l'une des épouses du roi.
14 **Tsiazompaniry**, demeure de l'une des épouses du roi.
15 **Bevato**.
16 **Miandrivola**, demeure de l'une des épouses du roi.
17 **Rarisambo**, demeure de la fille d'Andriambelomasina, petit fils d'Andriamasinavalona.
18 **Kelisoa**, sous le règne de Radama I, cette demeure fut occupée par ses concubines royales, issues de la caste des noirs.
19 **Marivolanitra**, demeure du roi.
20 **Mananjara.**
21 **Kianja,** cour sacrée.
22 **Maison de l'idole Rakelimalaza,** sans palissade.
23 **Maison de l'idole Ramahavaly,** au Sud du Rova et à l'extérieur de l'enceinte.
24 **Maison de l'idole Rafantaka**, à l'Ouest du Rova et à l'extérieur de l'enceinte.
25 **Menalefona**, parc où est gardé son taureau favori, Menalefona.
26 **Ampahibe**, autre parc. à l'Ouest de la Besakana.

- - - - Limite actuelles du Rova
—— Limites probables du Rova d Andrianampoinimerina

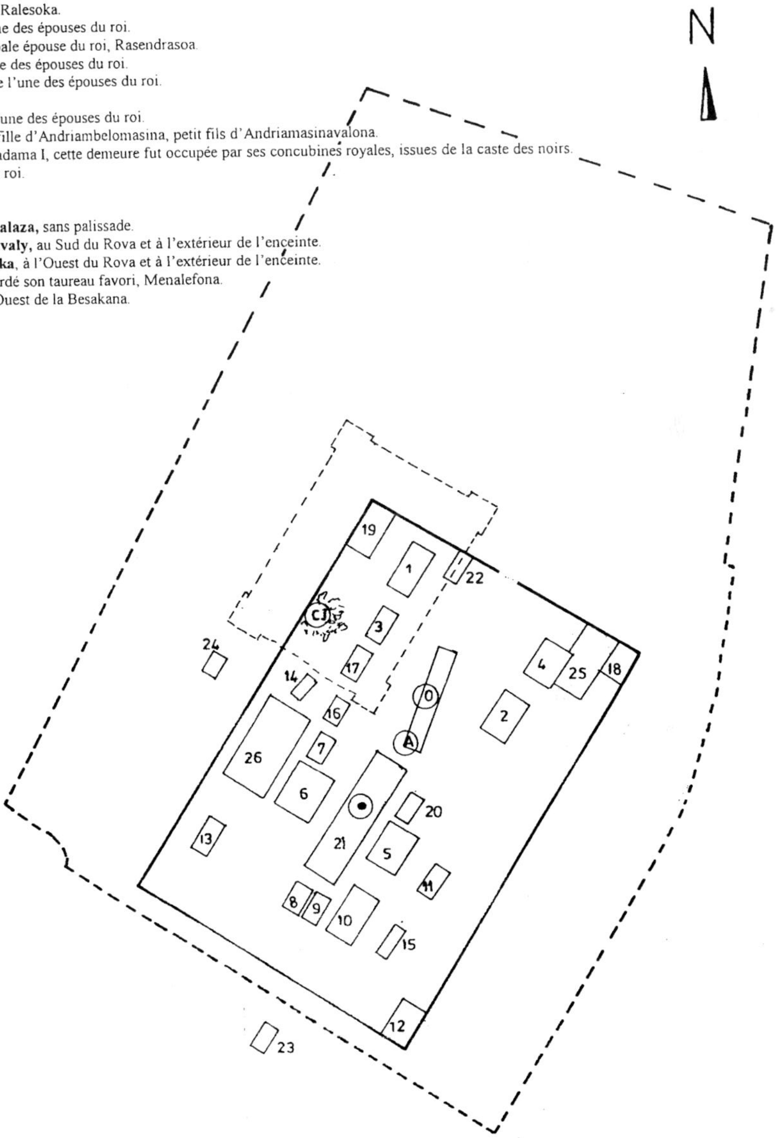

Estimation du plan du Rova d'Andrianampoinimerina, croquis M. D Peux.

Vue d'ensemble du Rova d'Andrianampoinimerina, estimation, croquis M. D. Peux.

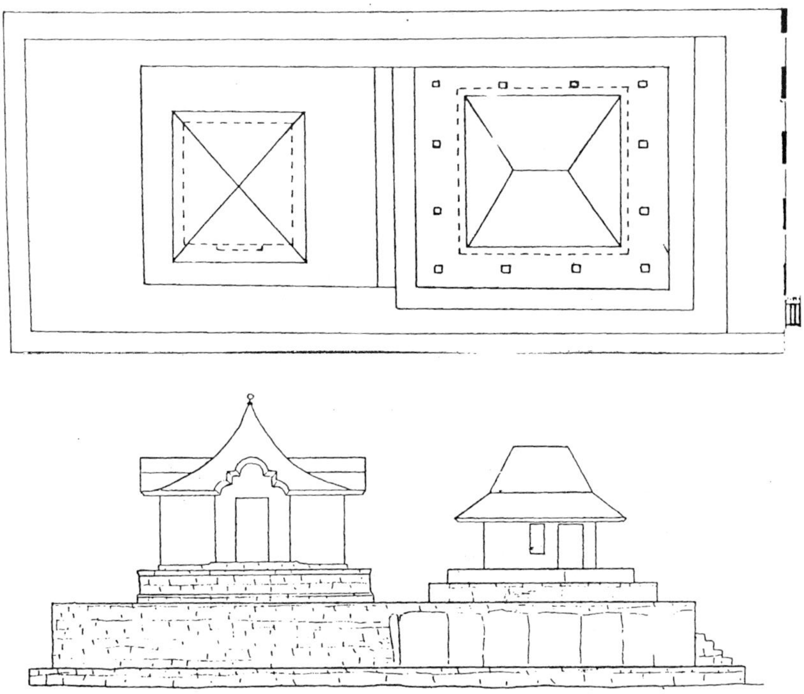

Plan, élévation, tombeaux des Rois et des Reines, croquis extraits de :
Les transformations de l'architecture funéraire en Imerina, J. F. Lebras.

Tombeaux des Rois et des Reines, état en 1993, cl. M. D. Peux.

Tombeau de Radama I, *Tranovola*, état en 1906, cl. F. T. M.

Toit du Palais, face orientale, escalier latéral extérieur. Agence B. E. T. T.

Face Nord du Palais, Tranovola, 1862, gravure Oliver Samuel Pasfield.

Face Est du Palais, vue vers le Sud, 1862, gravure Oliver Samuel Pasfield.

Le Rova, les maisons des Commandants en chef, 1862, gravure Oliver Samuel Pasfield.

L'aigle royal, Voromahery, au sommet de *Tranovola*, état en 1993, cl. M. D. Peux.

Les bardeaux de la lucarne Est, sixième niveau, état en 1993, cl. M. D. Peux.

Les trois lucarnes de la face Ouest du toit, état en 1993, cl. M. D. Peux.

La porte-lucarne de la face Nord du toit, quatrième niveau, état en 1993, cl. M. D. Peux.

La lucarne de la face Nord du toit, cinquième niveau, vue de la cour,
état en 1993, cl. M. D. Peux.

La porte Nord du corps central du Palais, premier niveau, état en 1993, cl. M. D. Peux.

La fenêtre Nord-Ouest de la face Nord, corps central du Palais, état en 1993, cl. M. D. Peux.

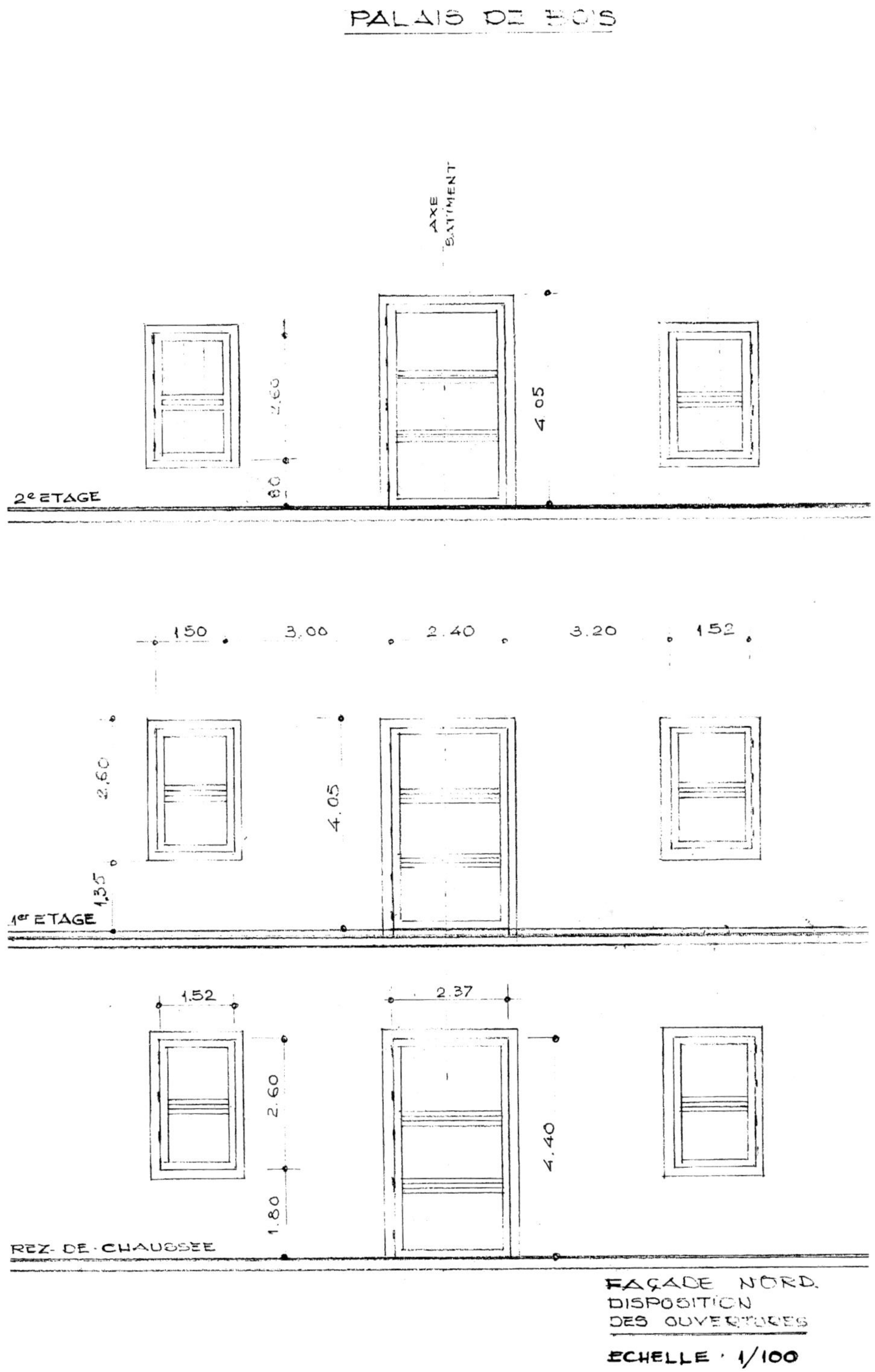

Façade Nord, disposition des ouvertures, état en 1993, croquis, coll. M. D. Peux.

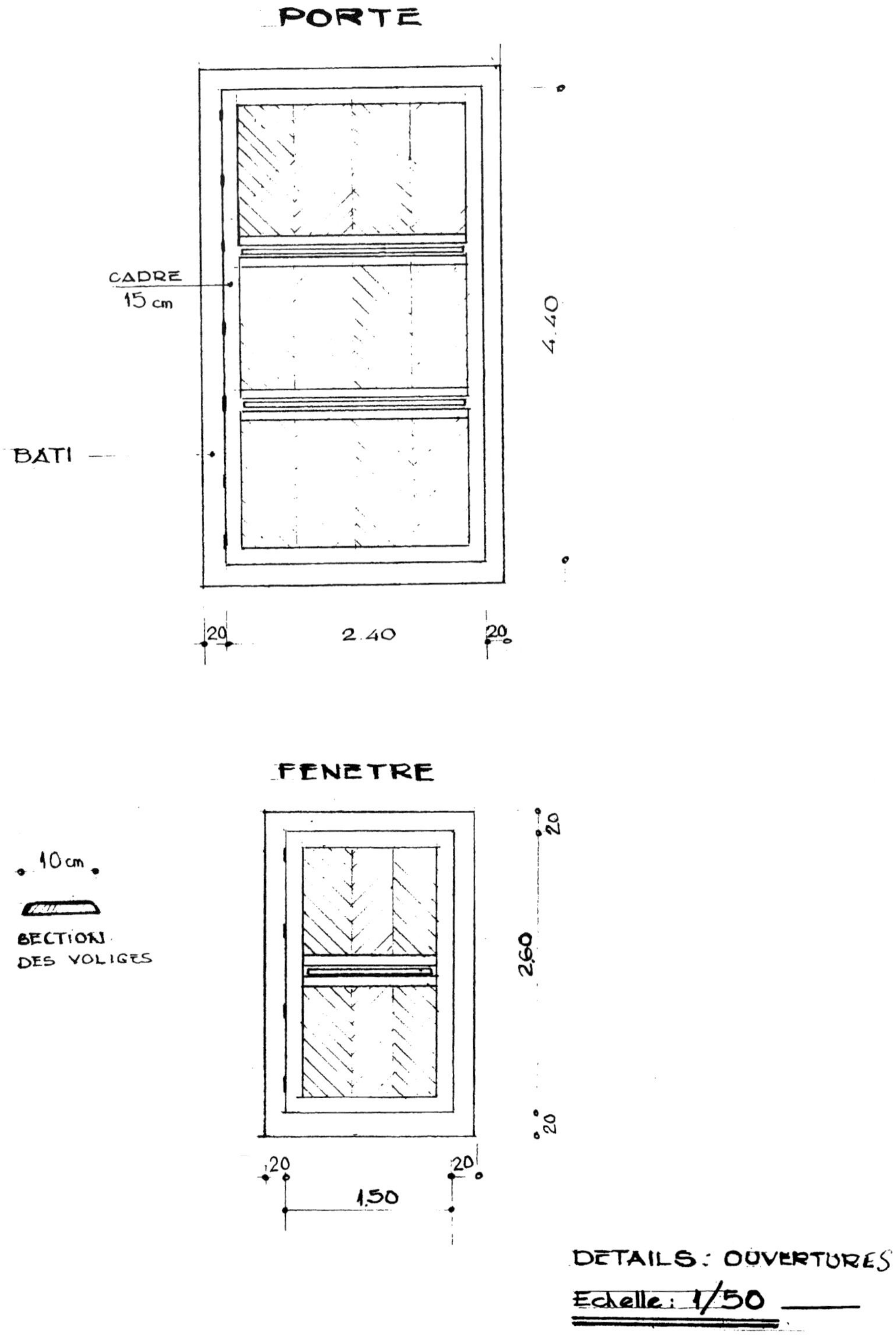

Détails des ouvertures, état en 1993, croquis, coll. M. D. Peux.

Une des fenêtres modifiées, vérandah Ouest, premier niveau, état en 1993, cl. M. D. Peux.

Tentative de reconstitution de l'élévation Nord du Palais, au XIXème siècle, années soixante.
Dessin aquarellé, coll. M. D. Peux.

Carte 1932. Service géographique. *Ambohidratrimo* Nord.

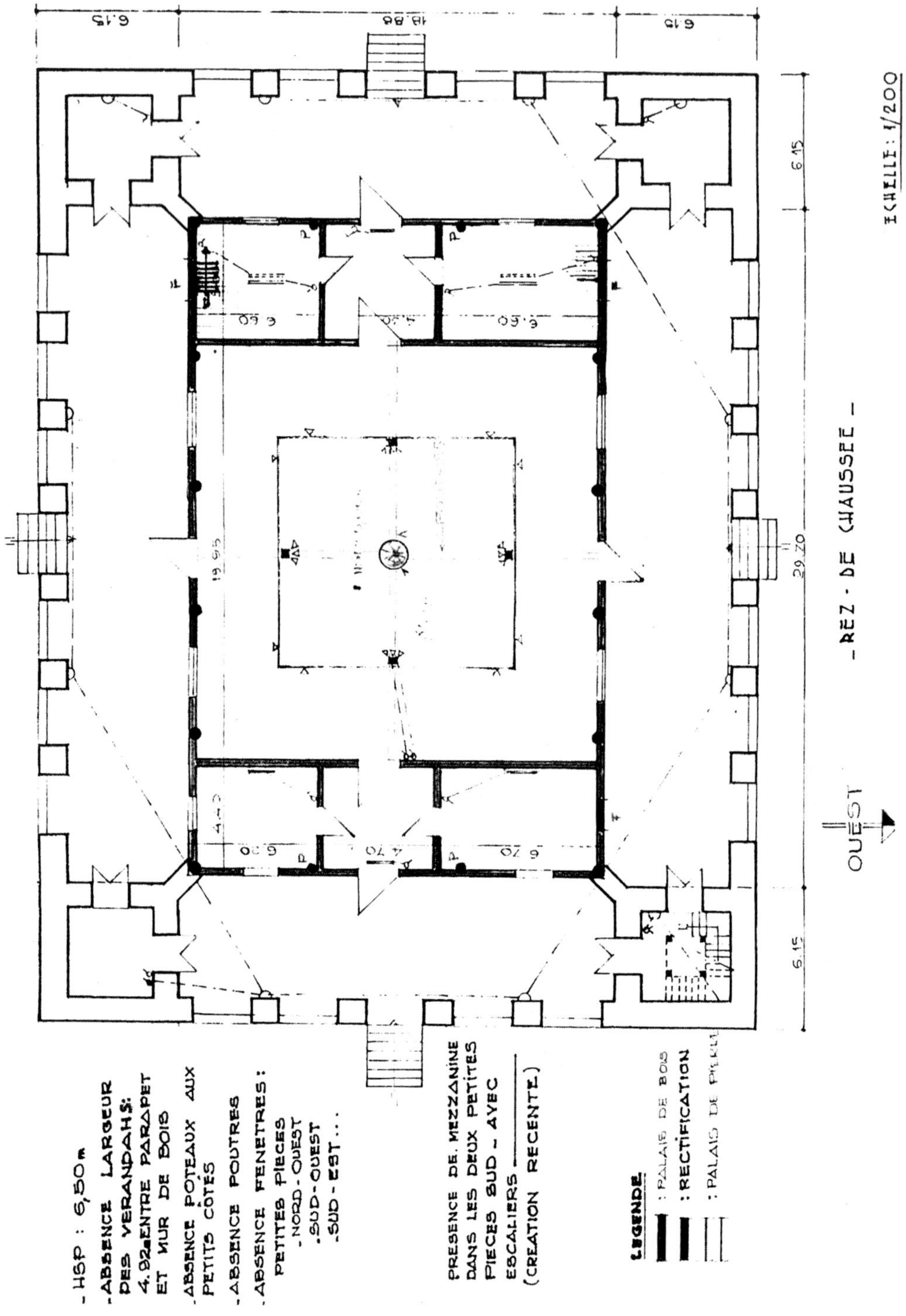

Plan du rez-de-chaussée, état en 1993, coll. M. D. Peux.

La salle du premier niveau dite du Fandroana, état en 1993, cl. M. D. Peux.

Les dessins qui ornent la poutre surplombant la porte Nord, état en 1993, cl. M. D. Peux.

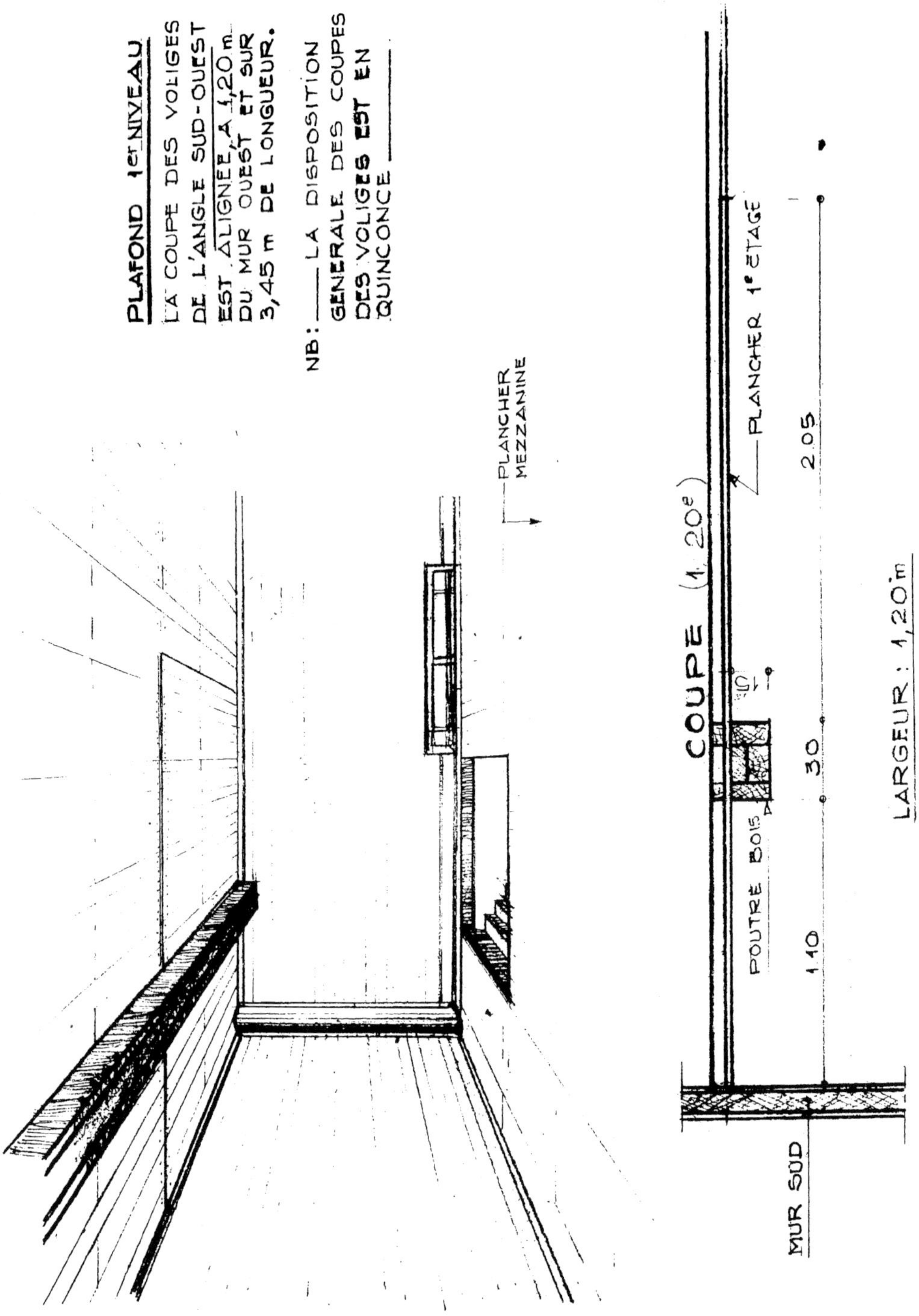

Étude de l'angle Sud-Ouest du Palais, premier niveau, état en 1993, croquis, coll. M. D. Peux. Recherche d'un escalier supprimé.

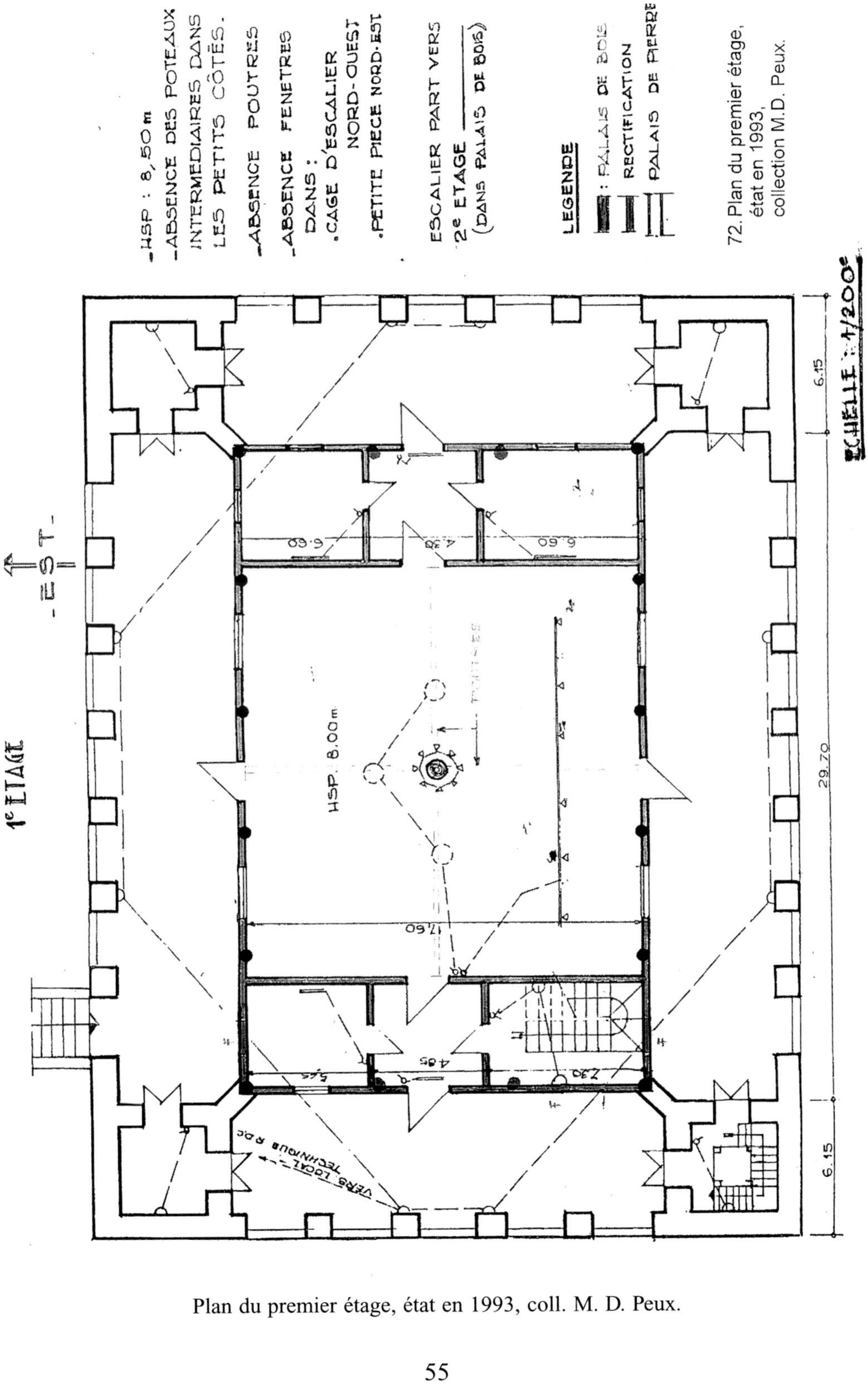

Plan du premier étage, état en 1993, coll. M. D. Peux.

La salle du deuxième niveau, état en 1993, cl. M. D. Peux.

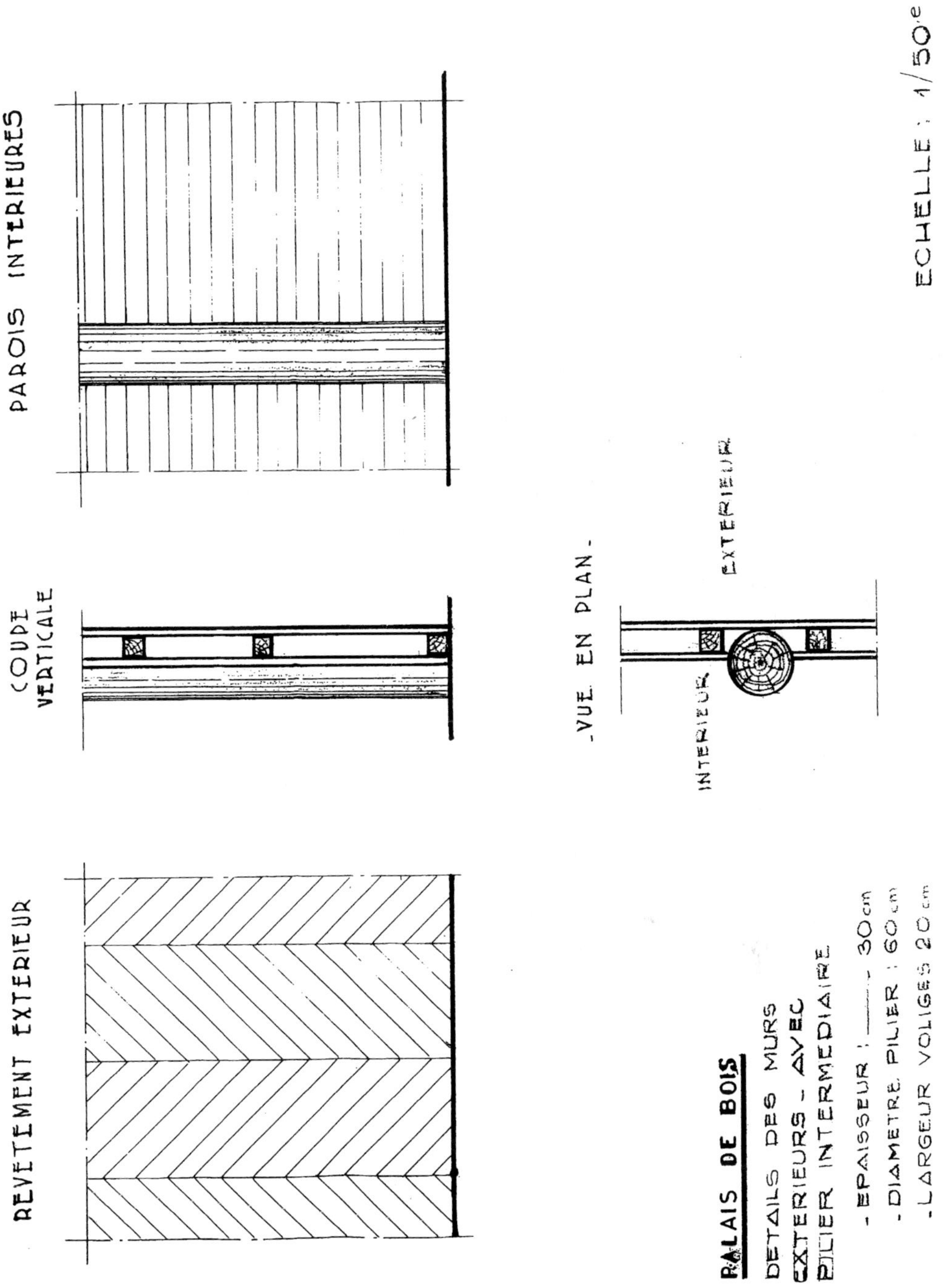

Détails des parois avec pilier intermédiaire, état en 1993, croquis, coll. M. D. Peux.

Pilier d’angle avec décoration, deuxième niveau, état en 1993, cl. M. D. Peux.

L'escalier de l'angle Nord-Ouest, deuxième niveau, état en 1993, cl. M. D. Peux.

Base, structures de l'escalier de l'angle Nord-Ouest, deuxième niveau, état en 1993, cl. M. D. Peux.

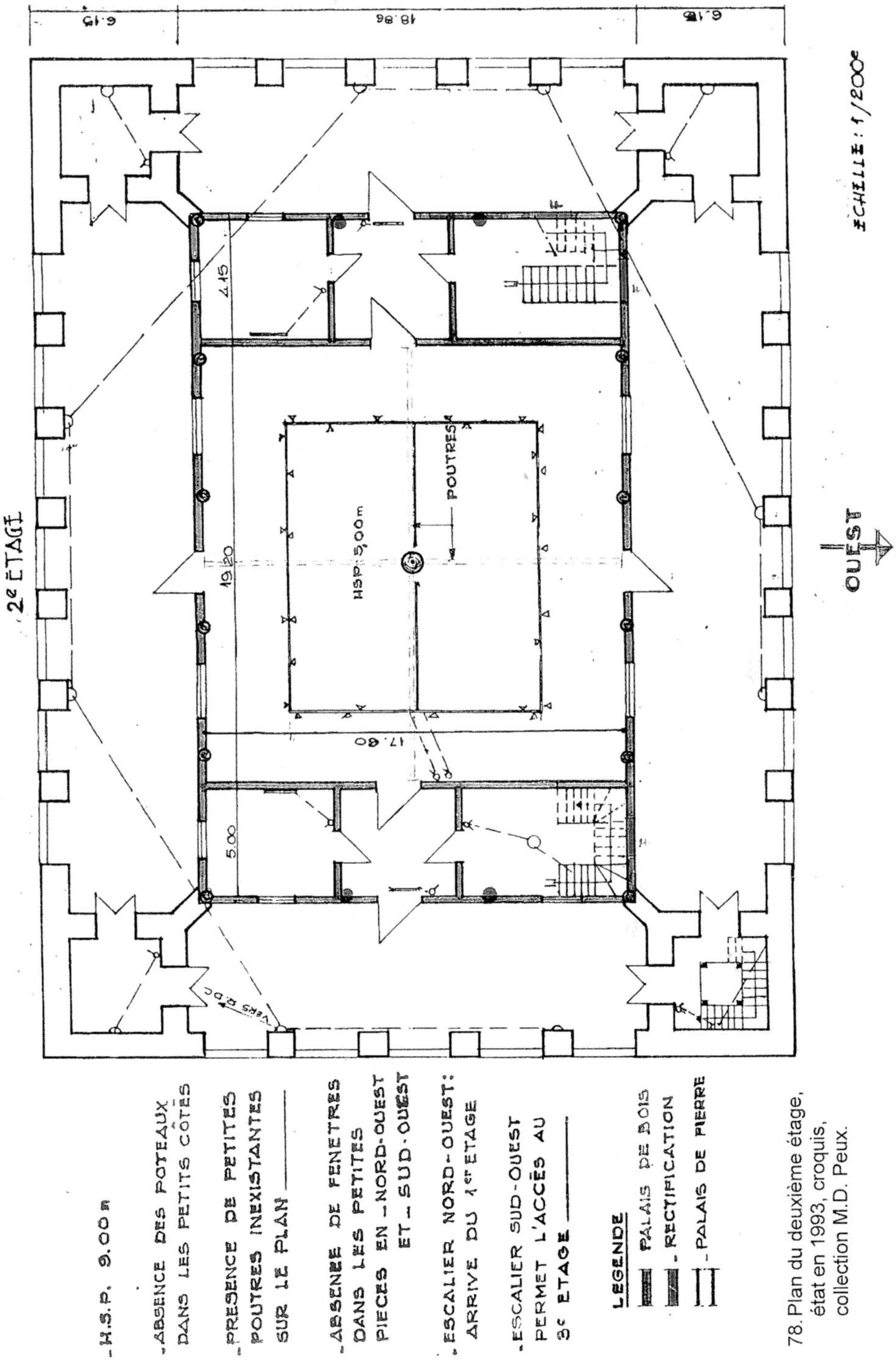

Plan du deuxième étage, état en 1993, croquis, coll. M. D. Peux.

L'escalier de l'angle Sud-Ouest, troisième niveau, état en 1993, cl. M. D. Peux.

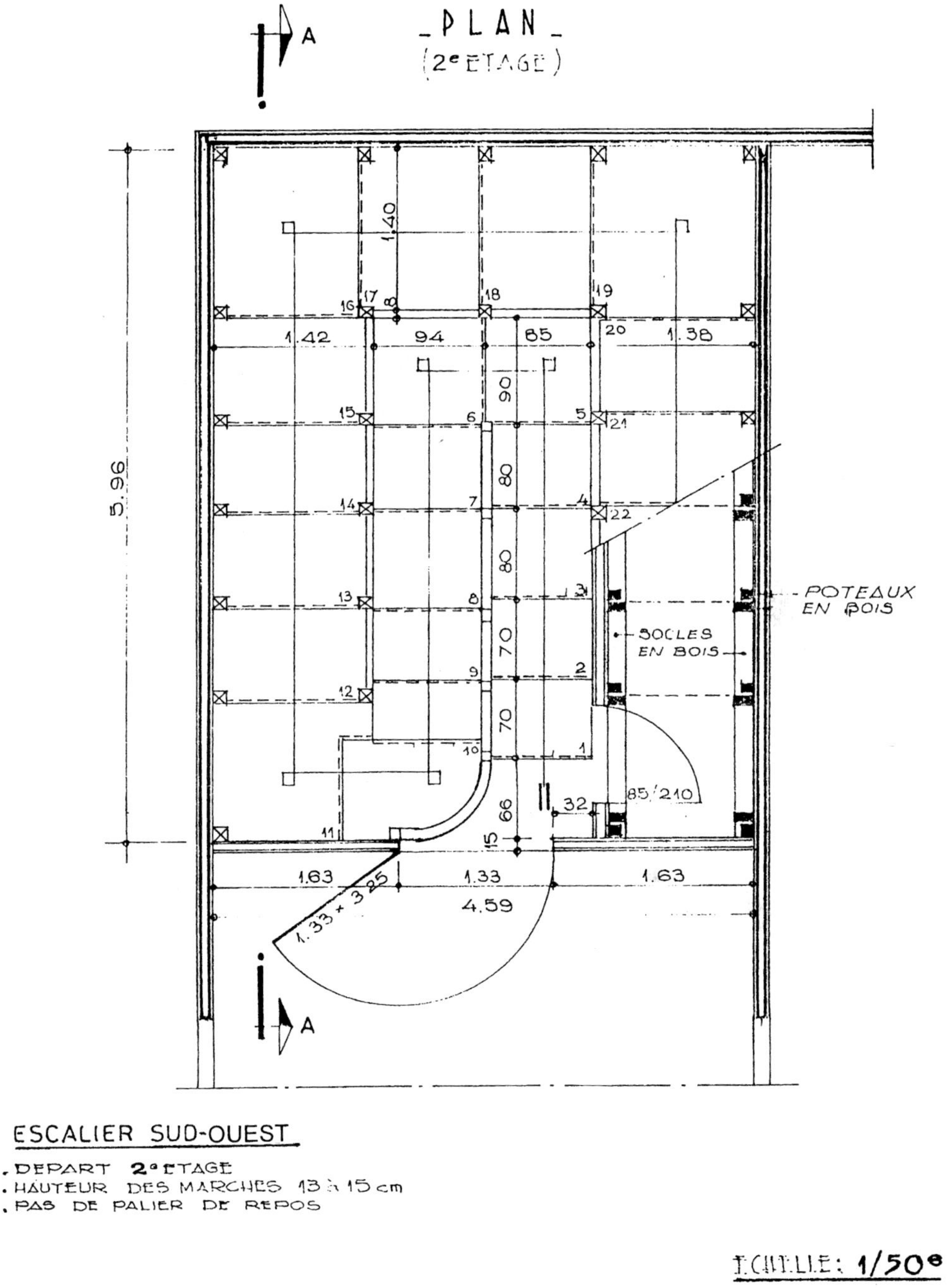

Plan de l'escalier du Sud-Ouest, troisième niveau, état en 1993, croquis, coll. M. D. Peux.

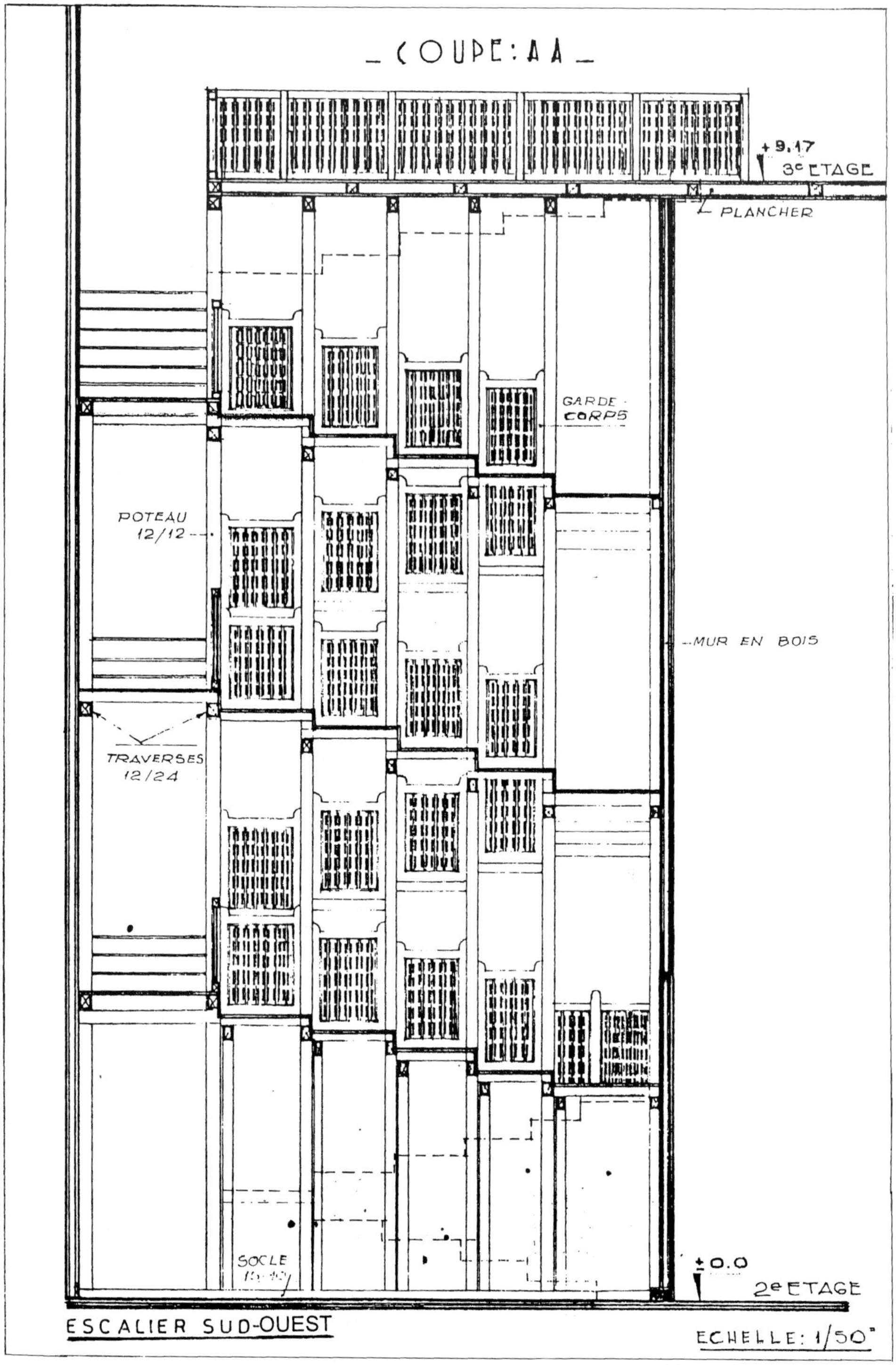

Escalier du Sud-Ouest, état en 1993, coupe, croquis, coll. M. D. Peux.

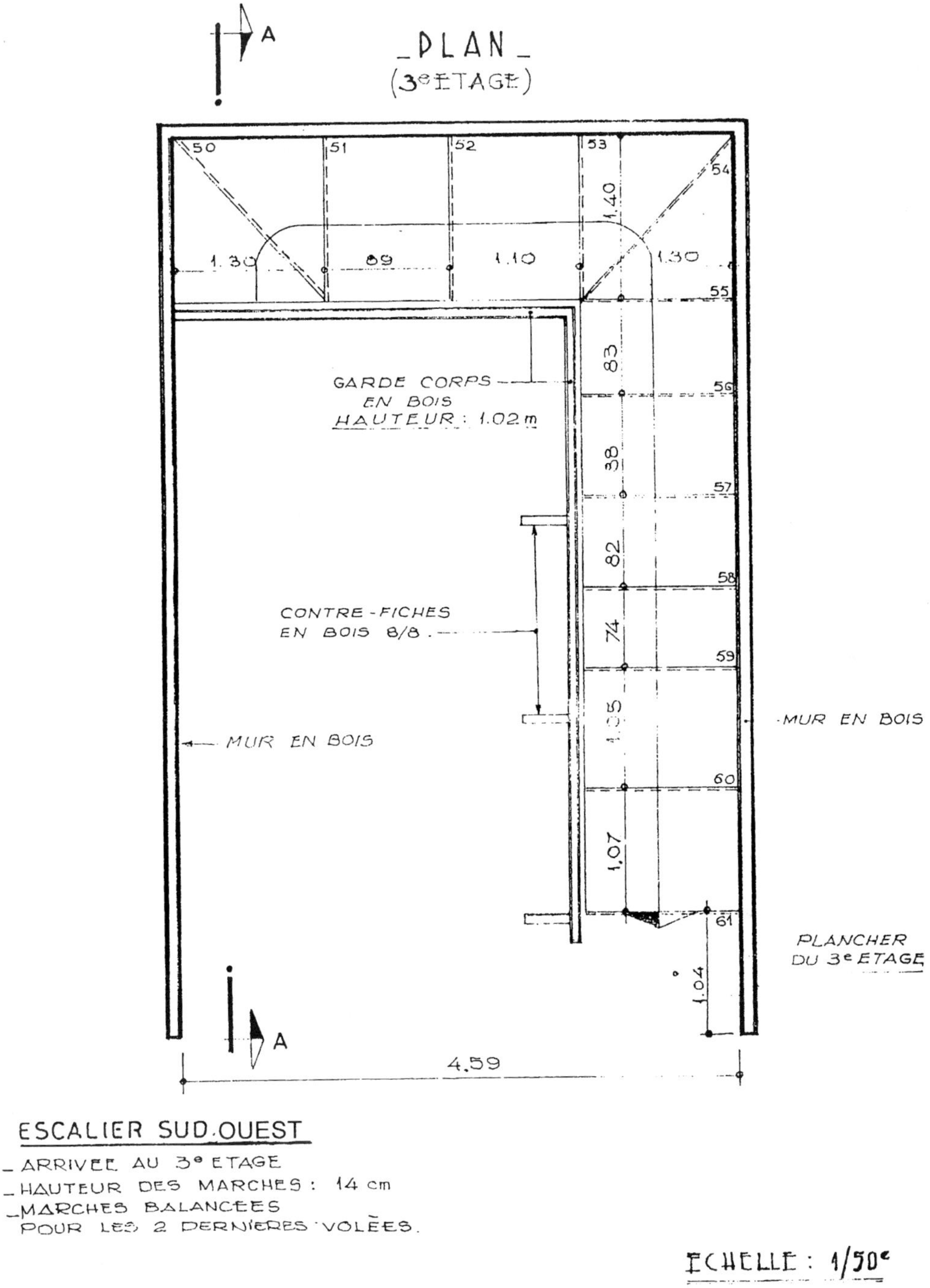

Escalier du Sud-Ouest, plan, troisième étage (quatrième niveau), état en 1993, croquis, coll. M. D. Peux.

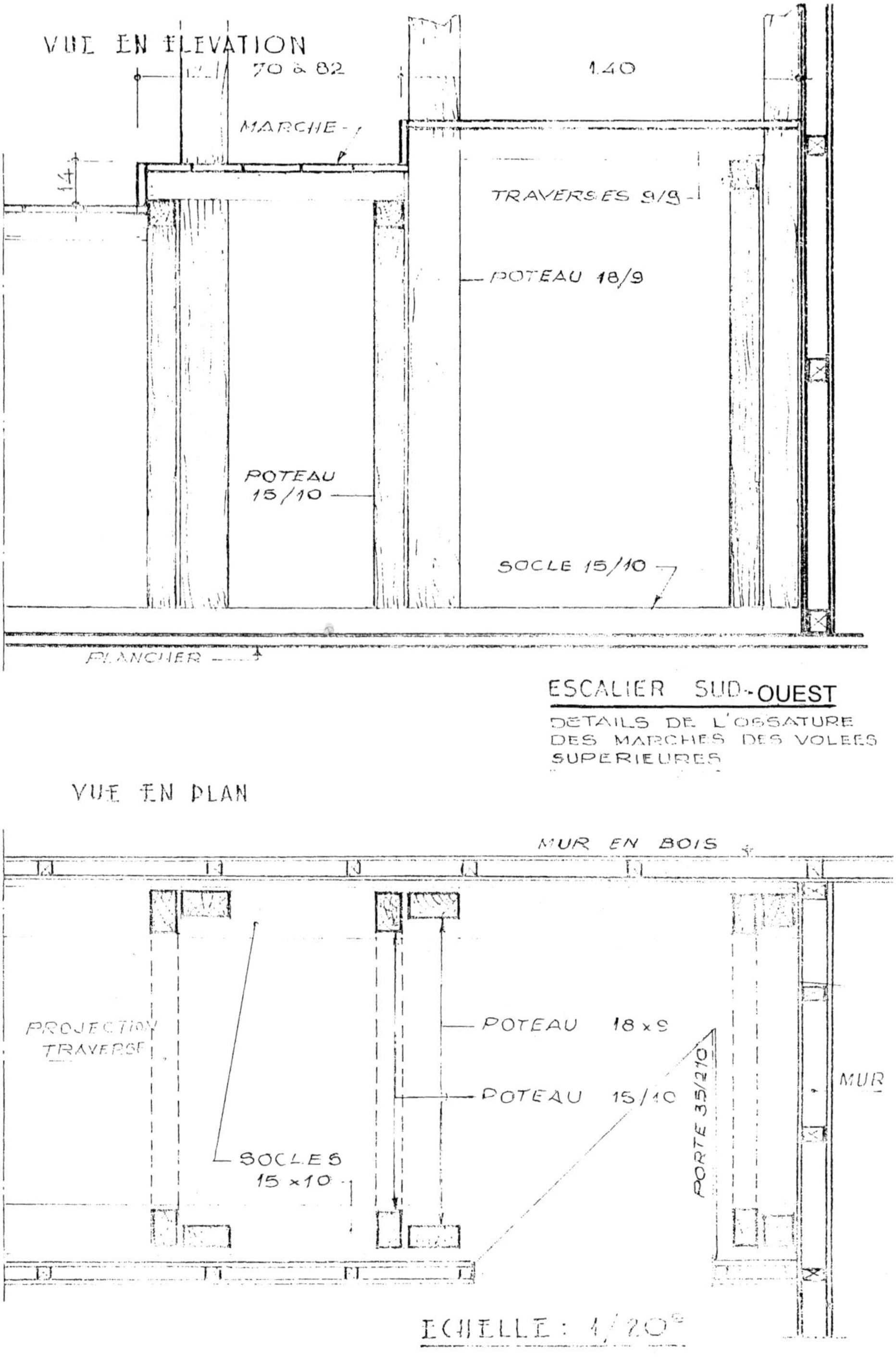

Escalier Sud-Ouest, détails de l'ossature des marches des volées supérieures, état en 1993, croquis, coll. M. D. Peux.

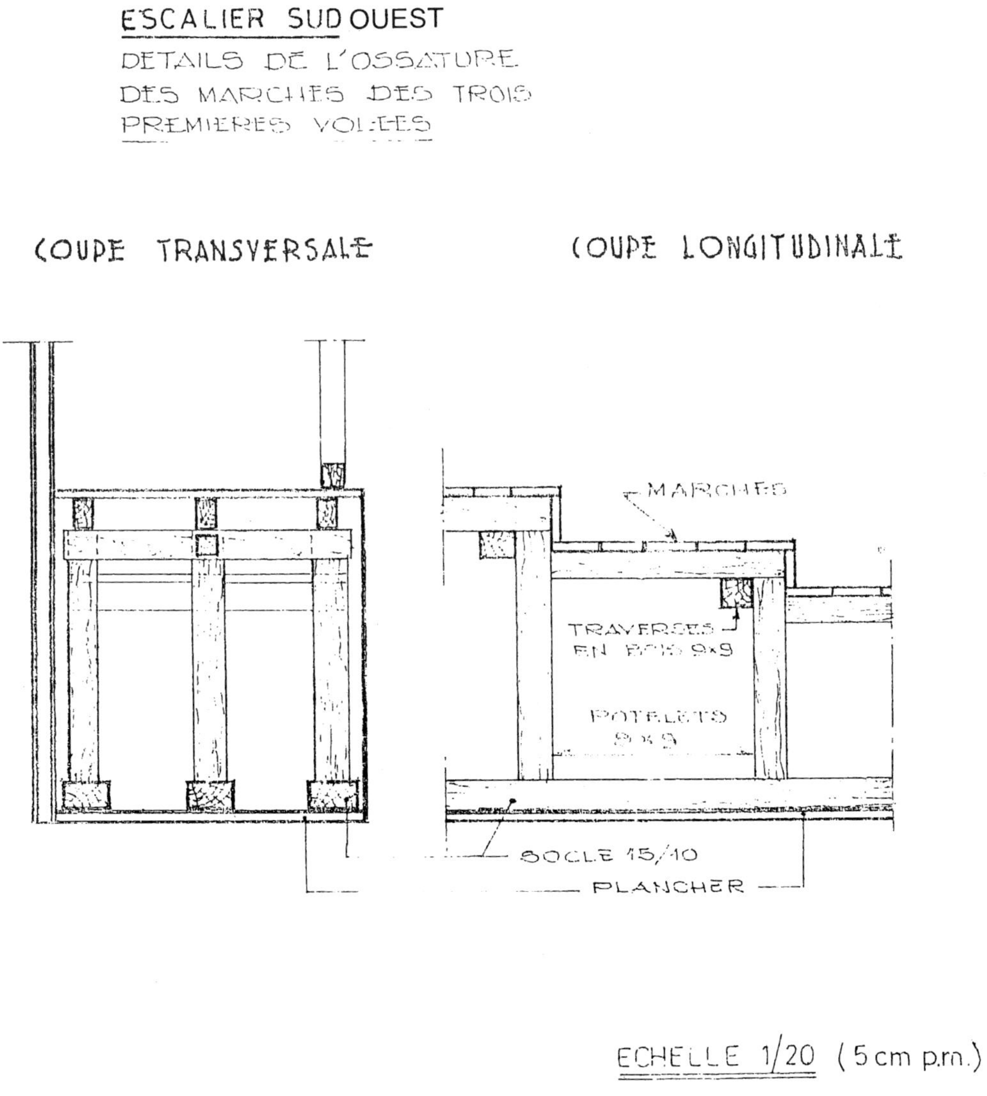

Escalier Sud-Ouest, détails de l'ossature des marches des trois premières volées, état en 1993, croquis, coll. M. D. Peux.

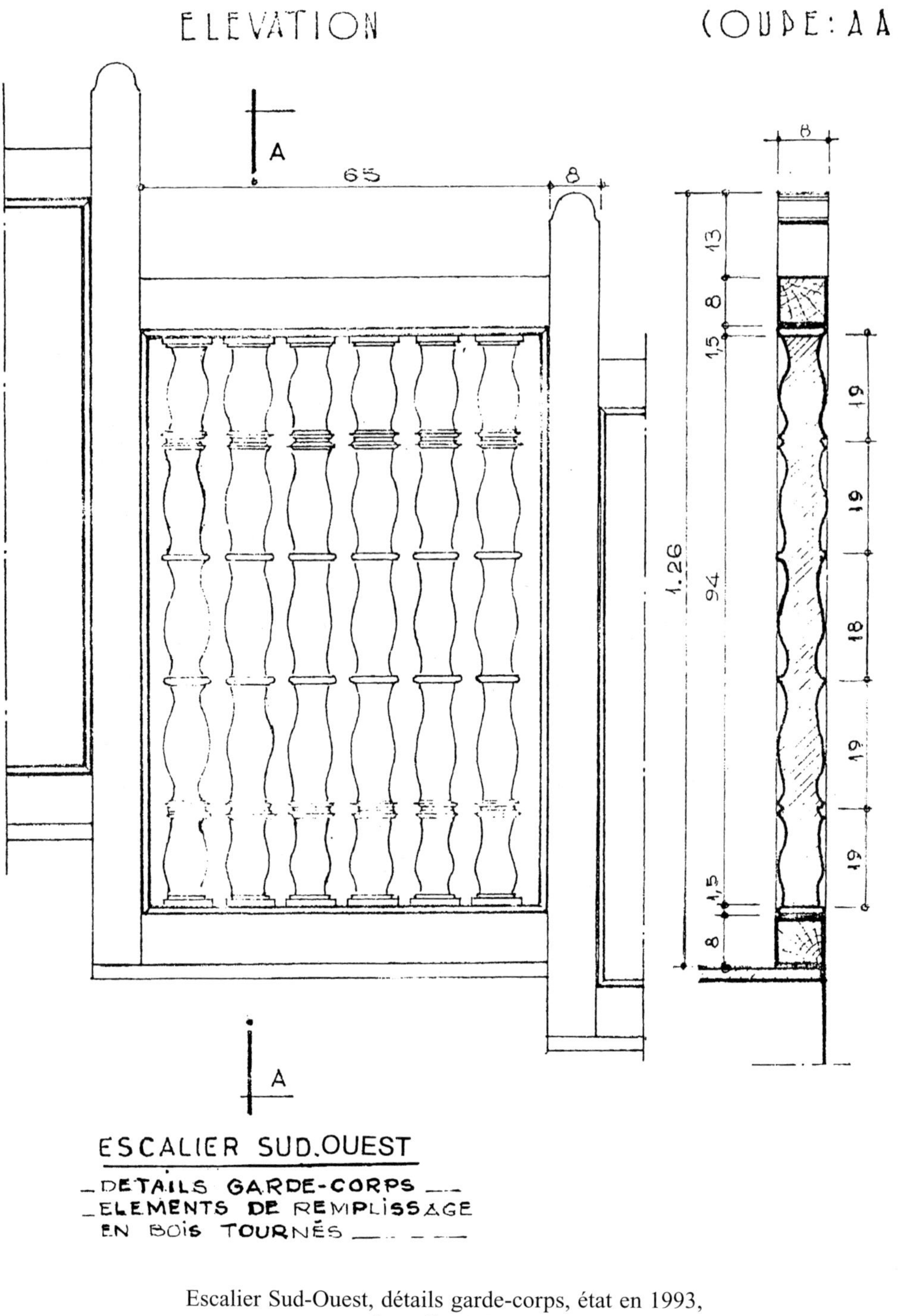

Escalier Sud-Ouest, détails garde-corps, état en 1993, croquis, coll. M. D. Peux.

Parquet du troisième niveau, détails, état en 1993, cl. M. D. Peux.

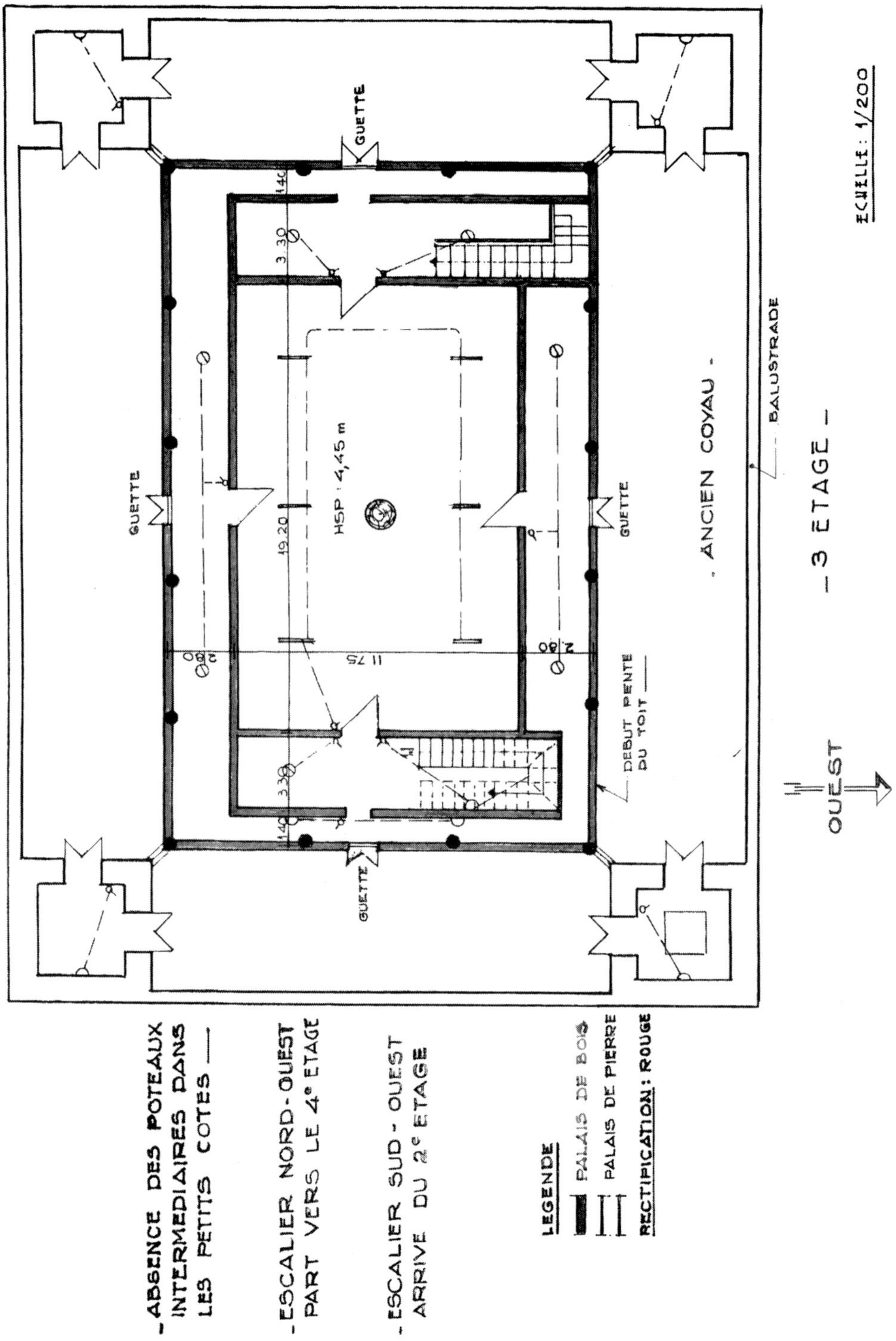

Plan du troisième étage, état en 1993, croquis, coll. M. D. Peux.

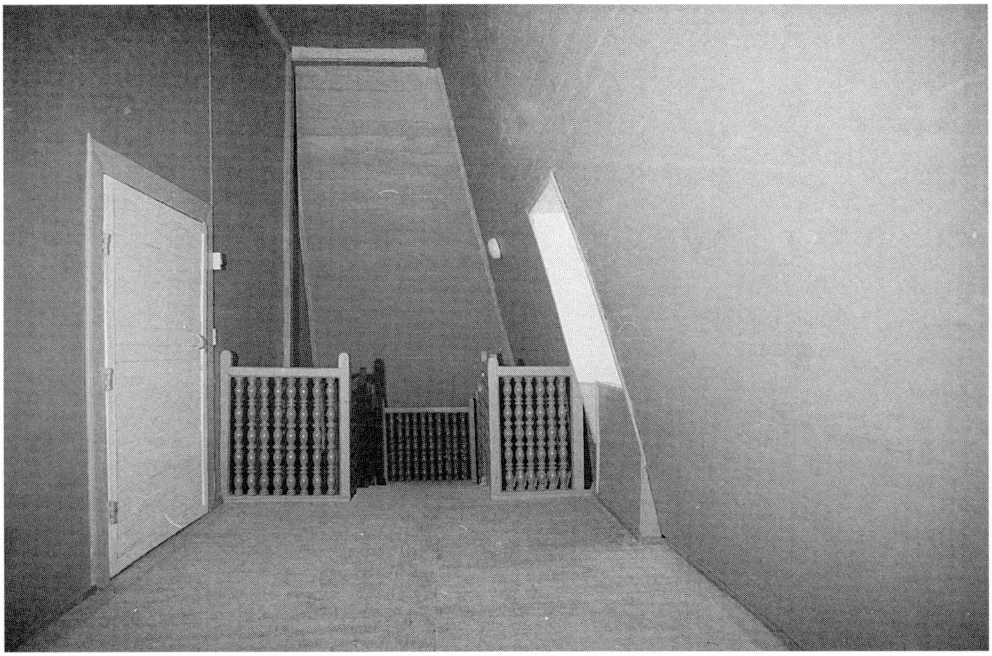

Arrivée de l'escalier du Nord-Ouest au cinquième niveau, état en 1993, cl. M. D. Peux.

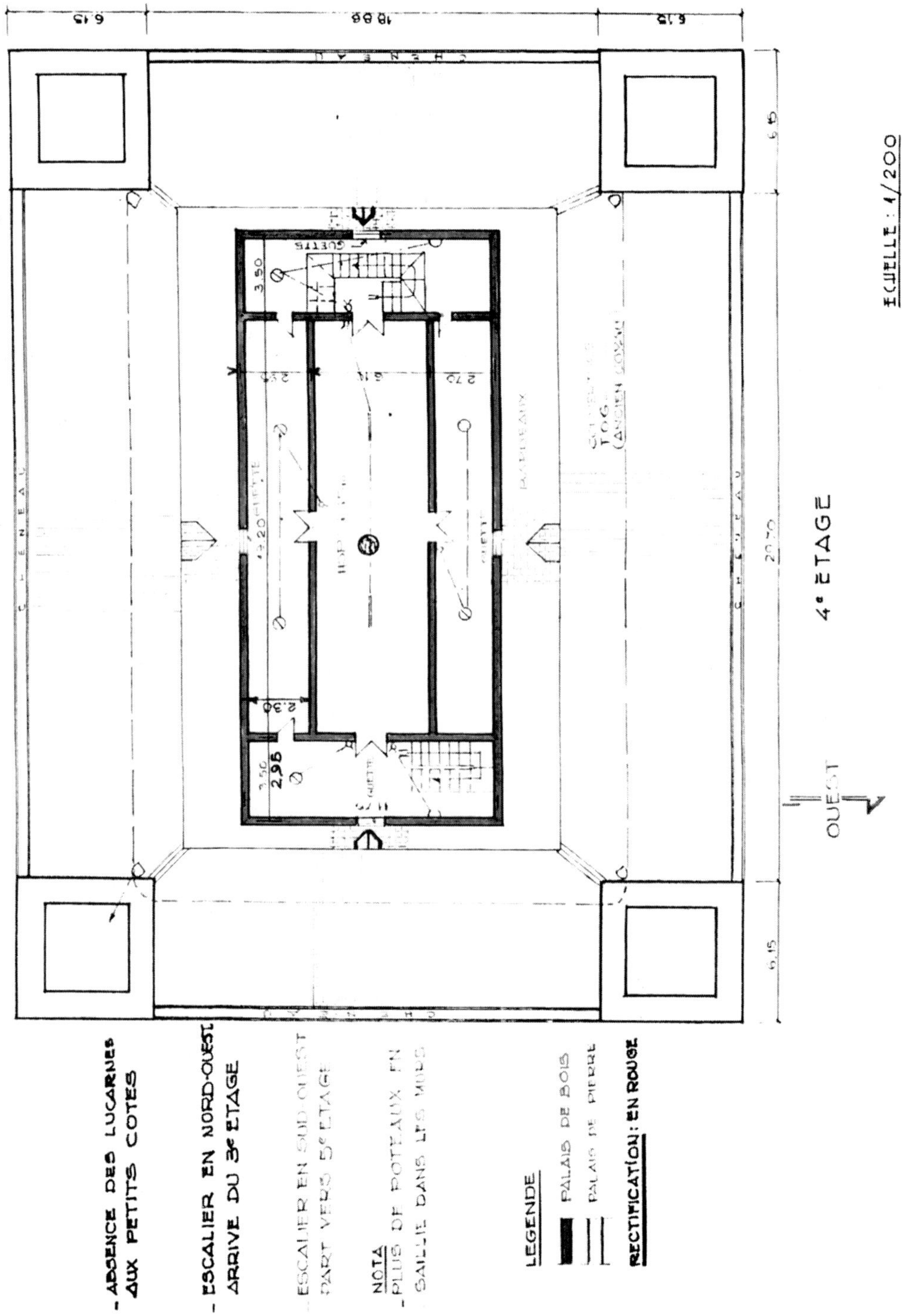

Plan du quatrième étage, état en 1993, croquis, coll. M. D. Peux.

La salle du sixième niveau, vue vers le Sud, état en 1993, cl. M. D. Peux.

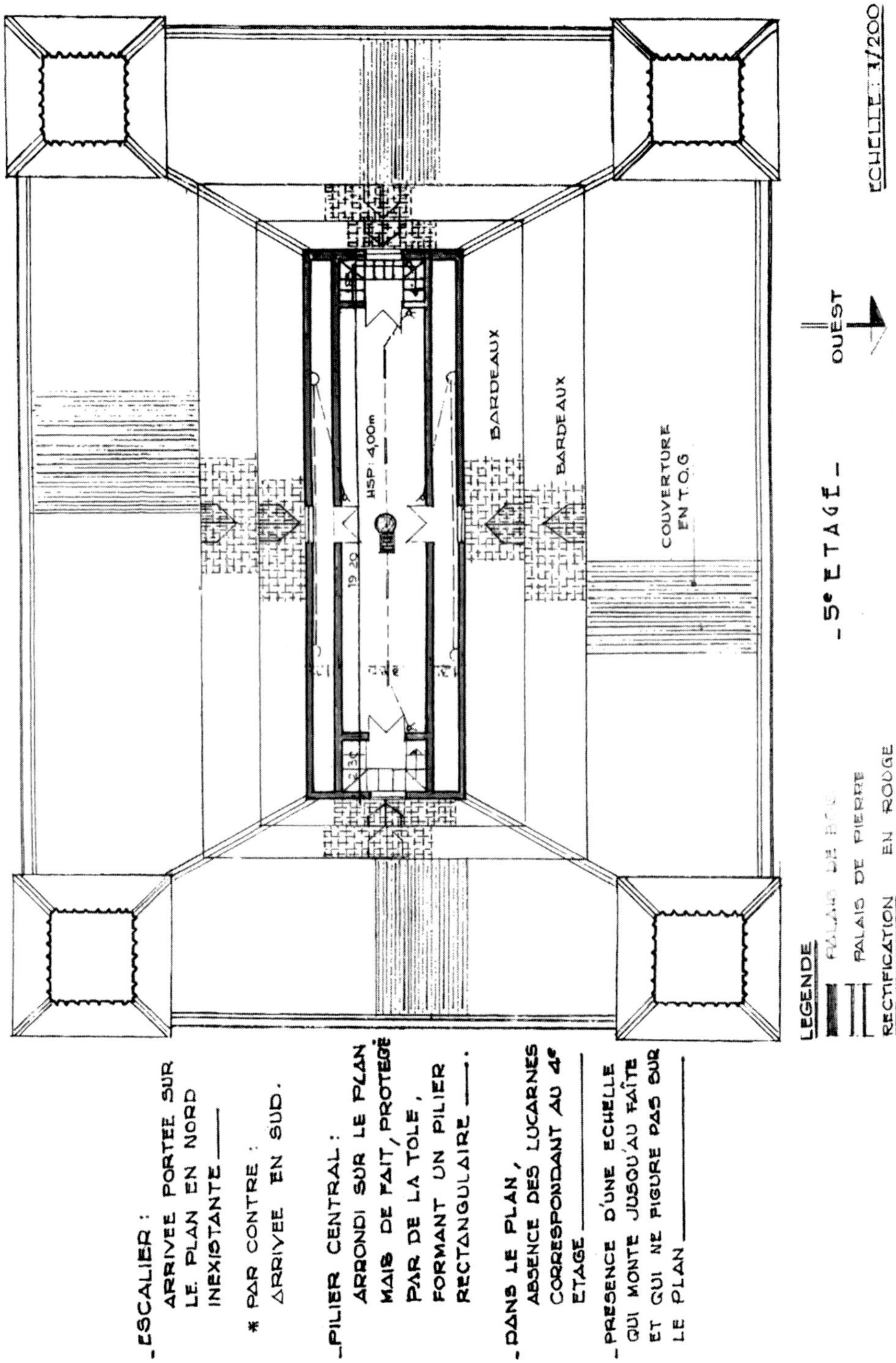

Plan du cinquième étage, état en 1993, croquis, coll. M. D. Peux.

La lucarne Est, sixième niveau, état en 1993, cl. M. D. Peux.

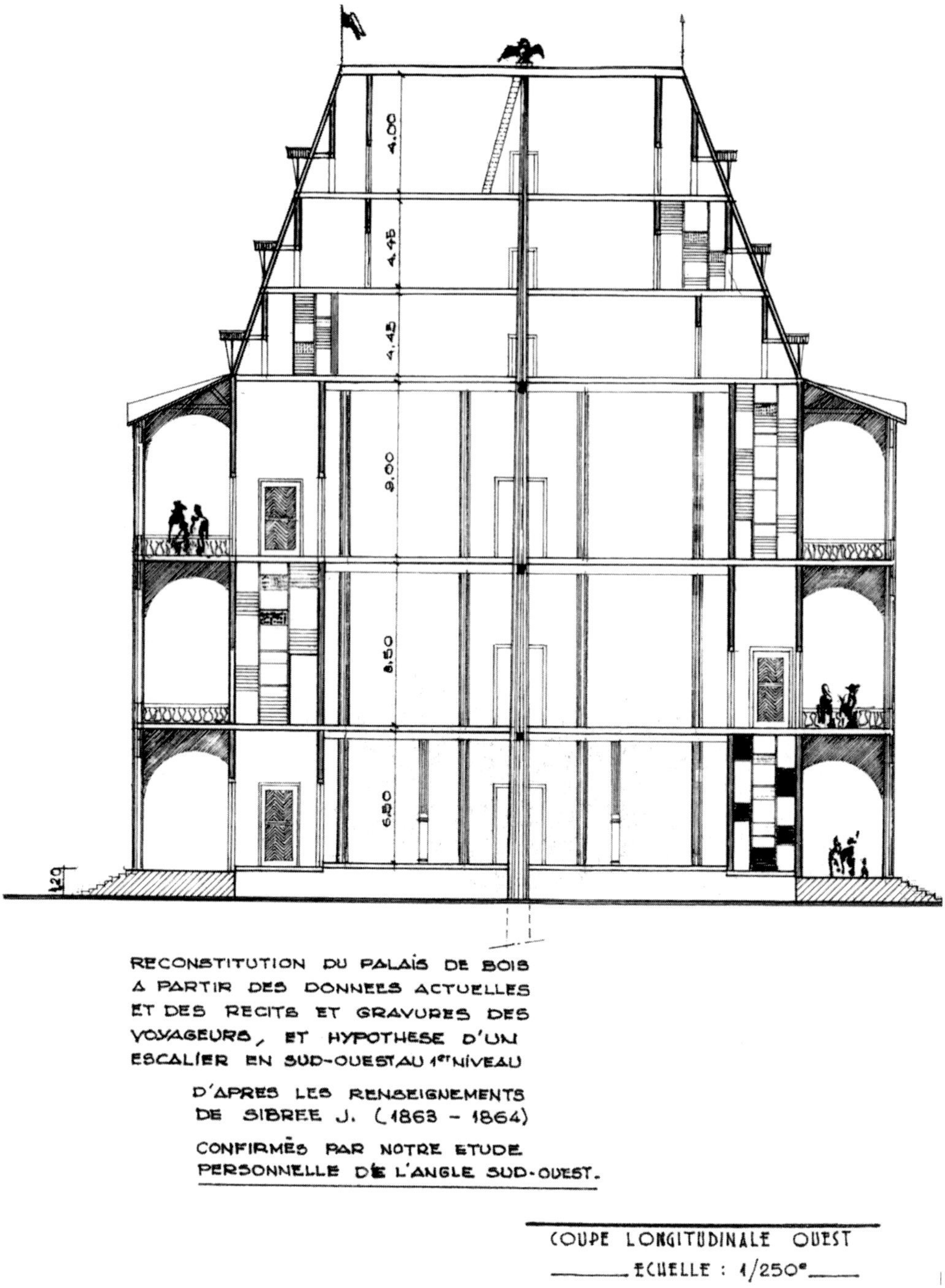

Coupe longitudinale Ouest, reconstitution de la circulation verticale, croquis, coll. M. D. Peux.

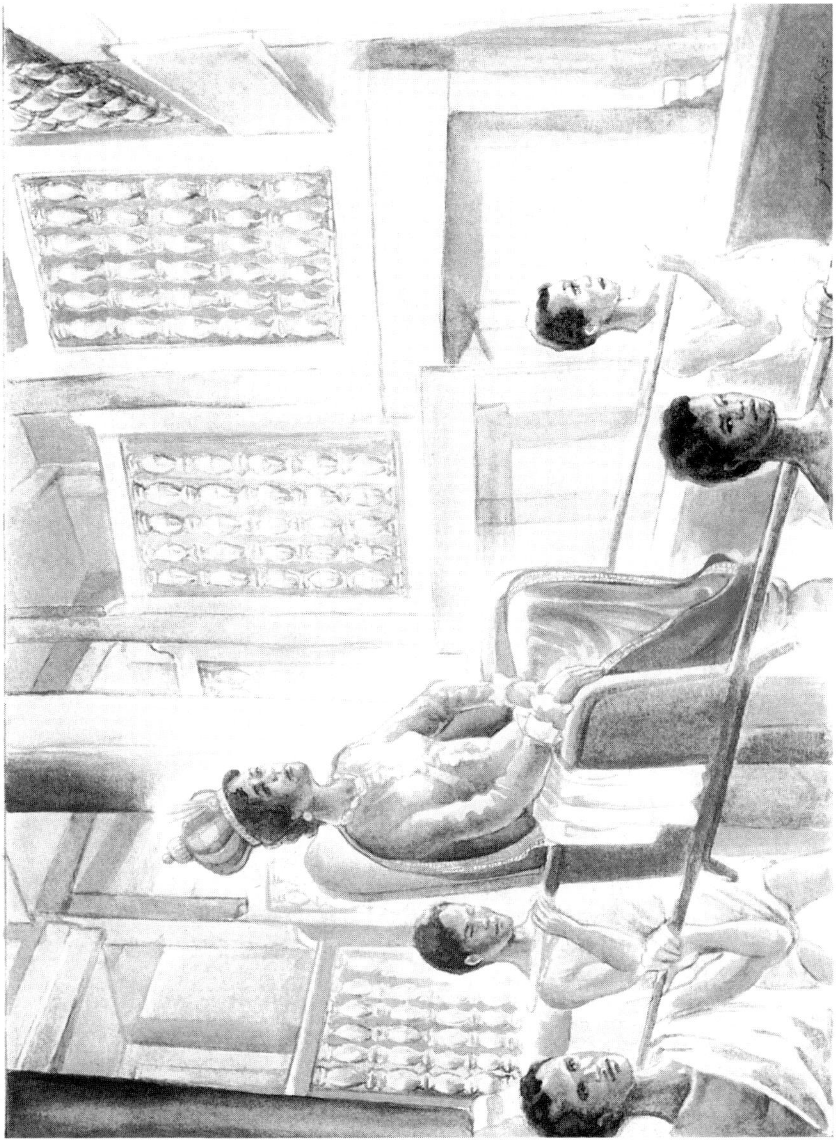

« En Janvier 1841, la reine inaugura solennellement « son » palais. Elle se fit porter à la plateforme du sommet" »

« Ces escaliers étaient en pente très douce propice au défilé des filanzanas ».

(JEAN CHAUVIN)

Reconstitution, la Reine circulant dans les escaliers, aquarelle,coll. M. D. Peux.

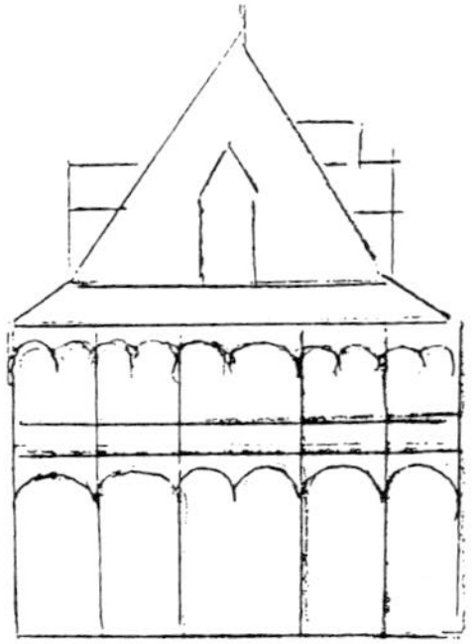

Le Palais de bois du Premier Ministre, croquis M. D. Peux.

Le Palais du Premier Ministre et l'assemblée du peuple attendant le kabary de la Reine Rasoherina en 1863. Photo du Rev. Ellis, ANTA.

La présentation à la Reine Ranavalona I du Rev. Ellis en 1856,
image extraite de *Three Visits To Madagascar*, Rev. Ellis.

La présentation à la Reine Ranavalona I d'Ida Pfeiffer en 1857,
image extraite de : *Le Tour du Monde.*

Tranovola, le 6 novembre 1995 au soir, cl. D. M. T.

Tranovola, le 8 novembre 1995, cl. M. D. Peux.

Façade Ouest et tombeau de Radama I, années 1940, ANTA.

Façade Est, état en 1993, cl. M. D. Peux.

Deuxième niveau et pan Nord du toit, années 1940, ANTA.

Élévation façade Ouest, état en 1995, AURA.

Élévation façade Est, état en 1995, AURA.

Élévation façade Nord, état en 1995, AURA.

Élévation façade Sud, état en 1995, AURA.

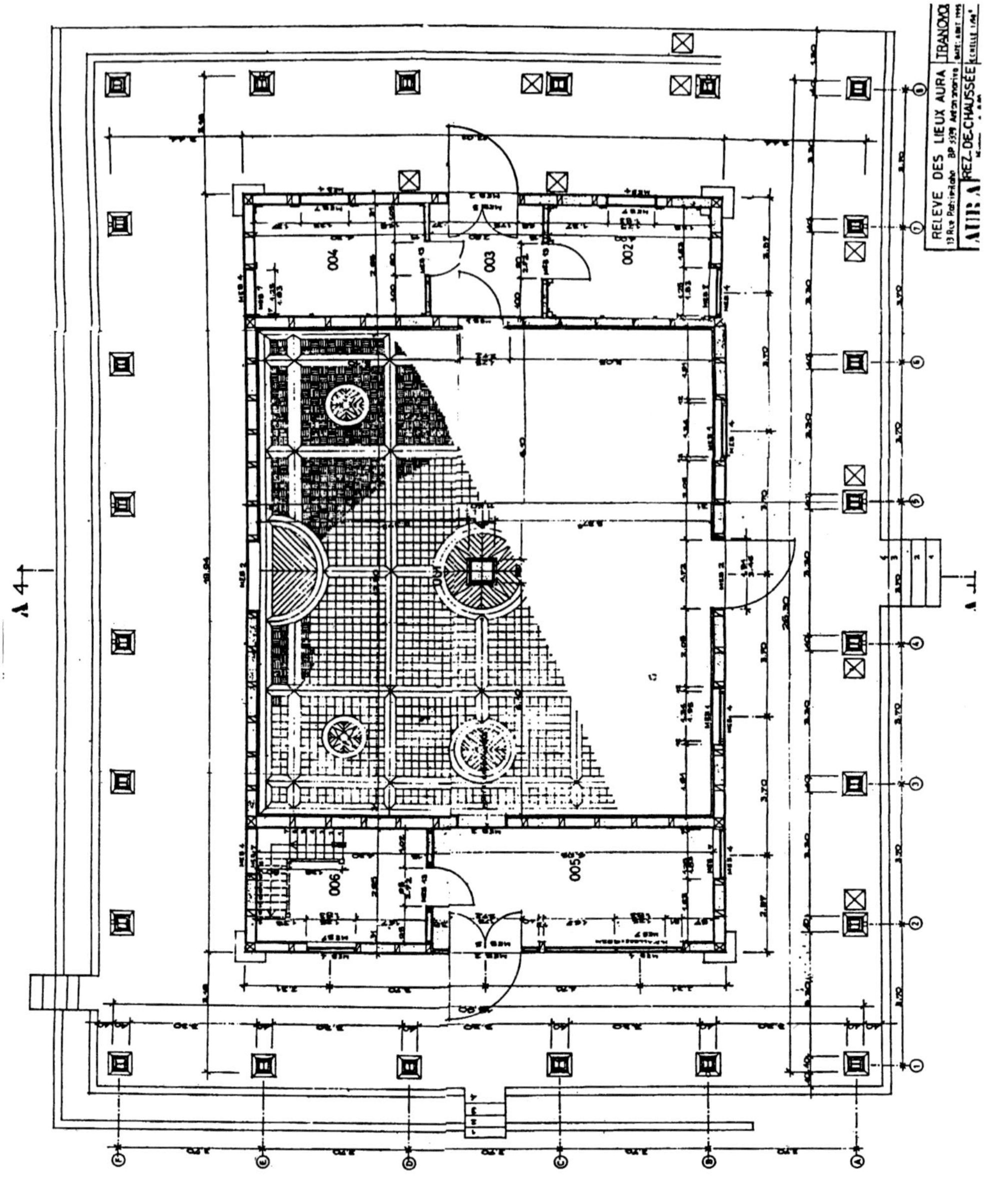

Plan du rez-de-chaussée, état en 1995, AURA.

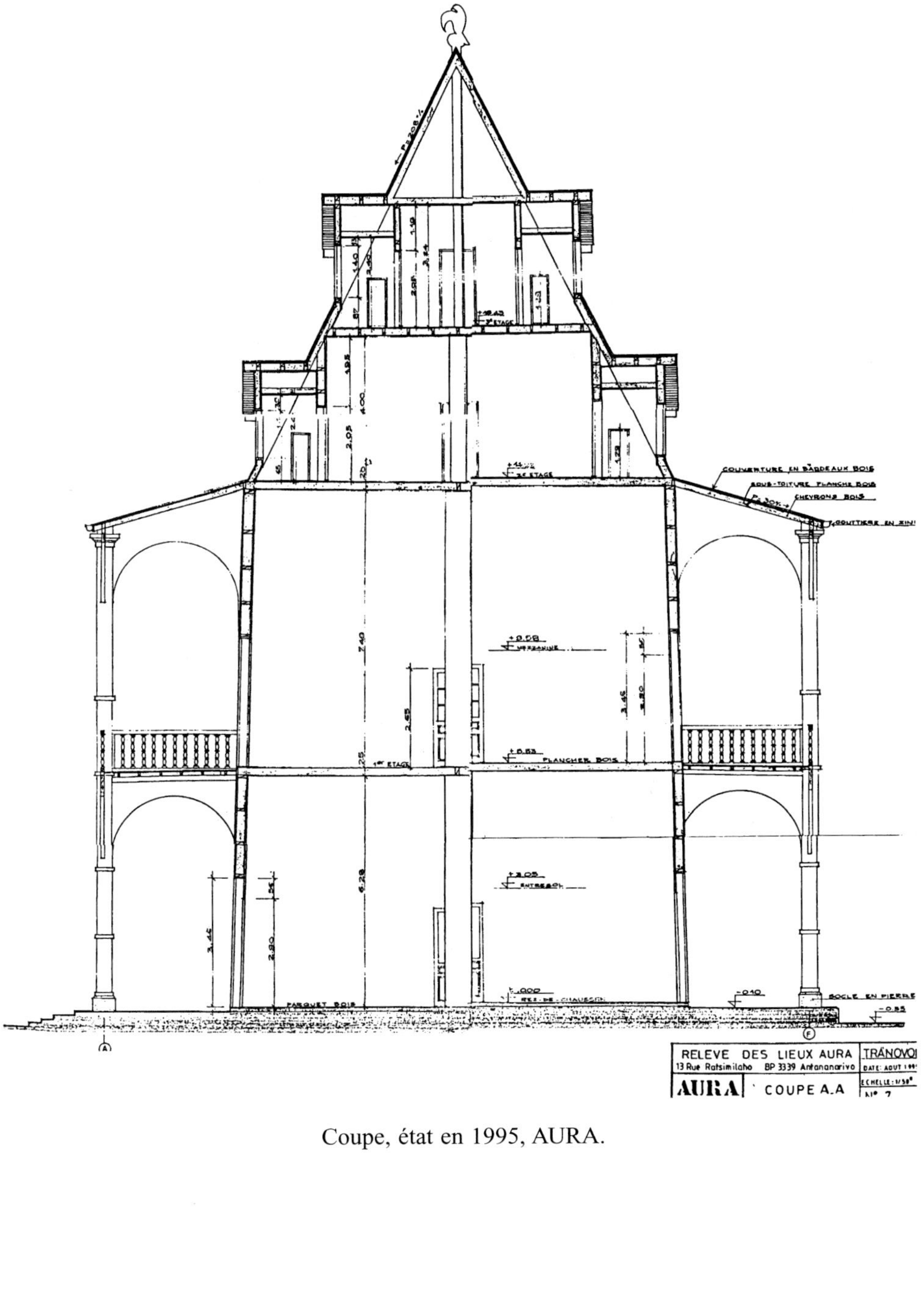

Coupe, état en 1995, AURA.

Piliers cannelés, vérandah Ouest, années 1940, ANTA.

Tranovola, état en 1902, cl. F. T. M.

Le toit, années 1940, ANTA.

Détails des bardeaux, années 1940, ANTA.

Façade Sud de *Tranovola* et escalier latéral extérieur du *Manjakamiadana*, années 1940, ANTA.

Vérandah du deuxième niveau, vue vers le Palais de pierre du Premier Ministre, années 1940, ANTA.

Balustres, vérandah du deuxième niveau, années 1940, ANTA.

Paroi : ais à chevrons, années 1940, ANTA.

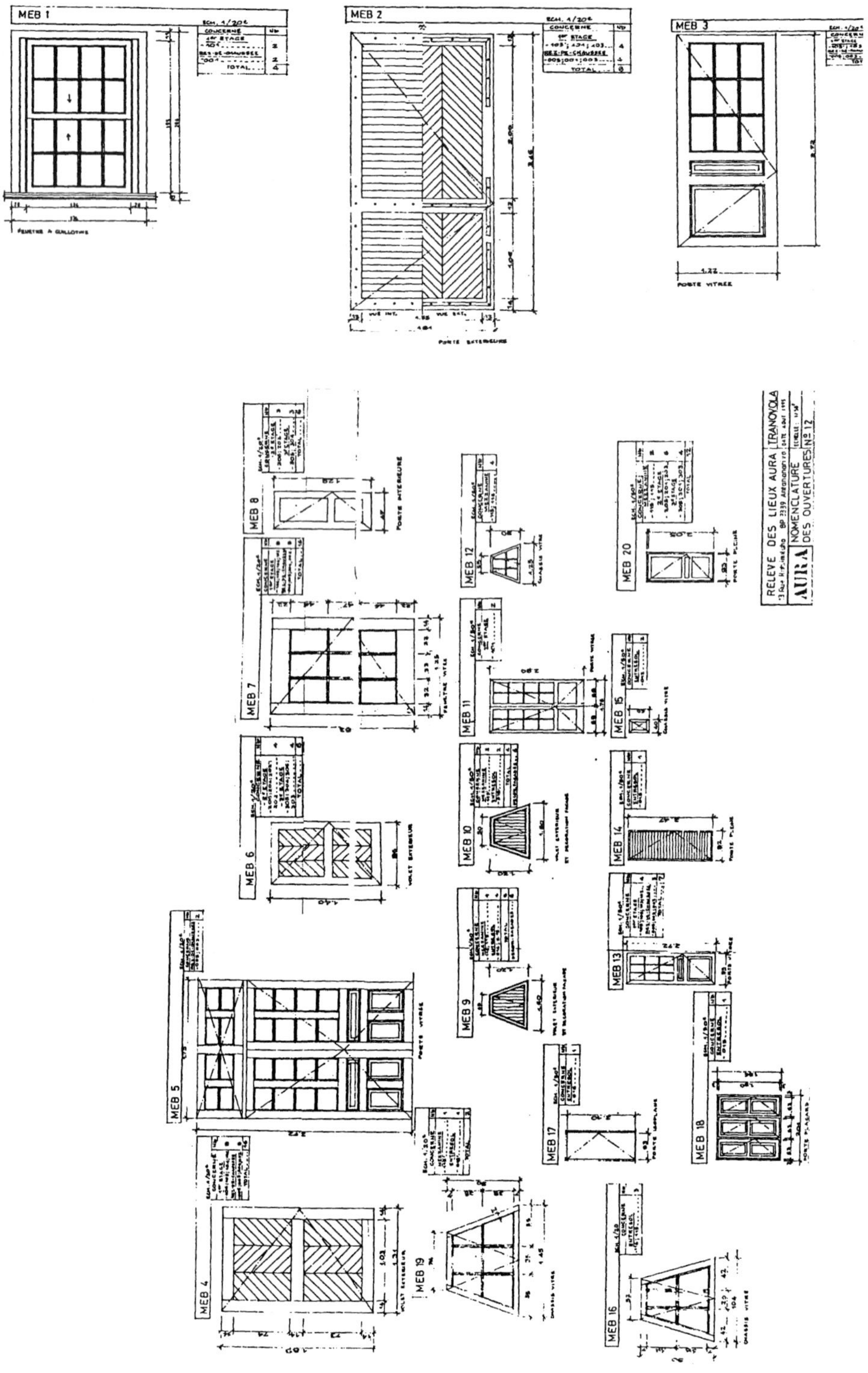

Nomenclature des ouvertures, état en 1995, AURA.

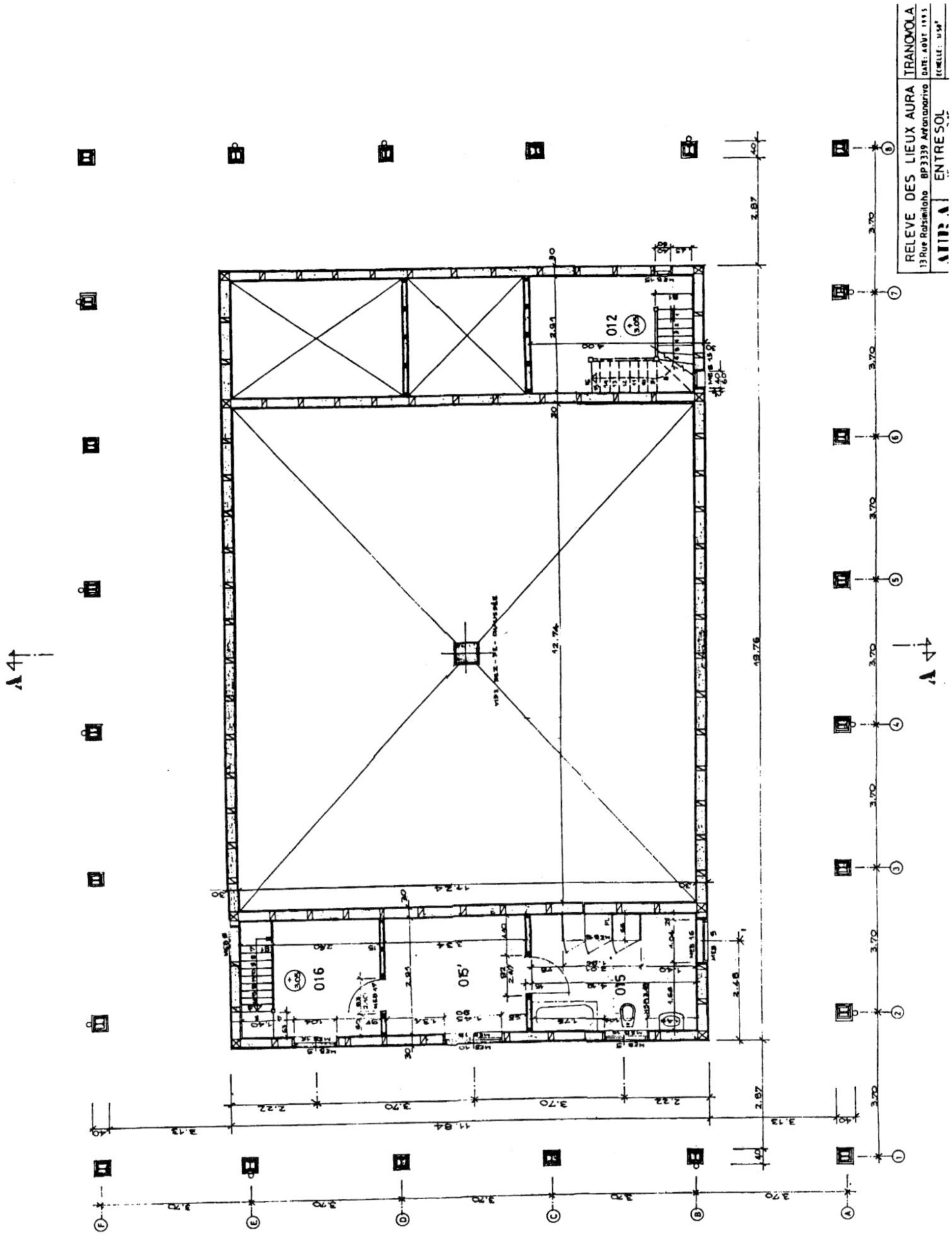

Plan des plates-formes Nord et Sud du premier niveau intermédiaire, état en 1995, AURA.

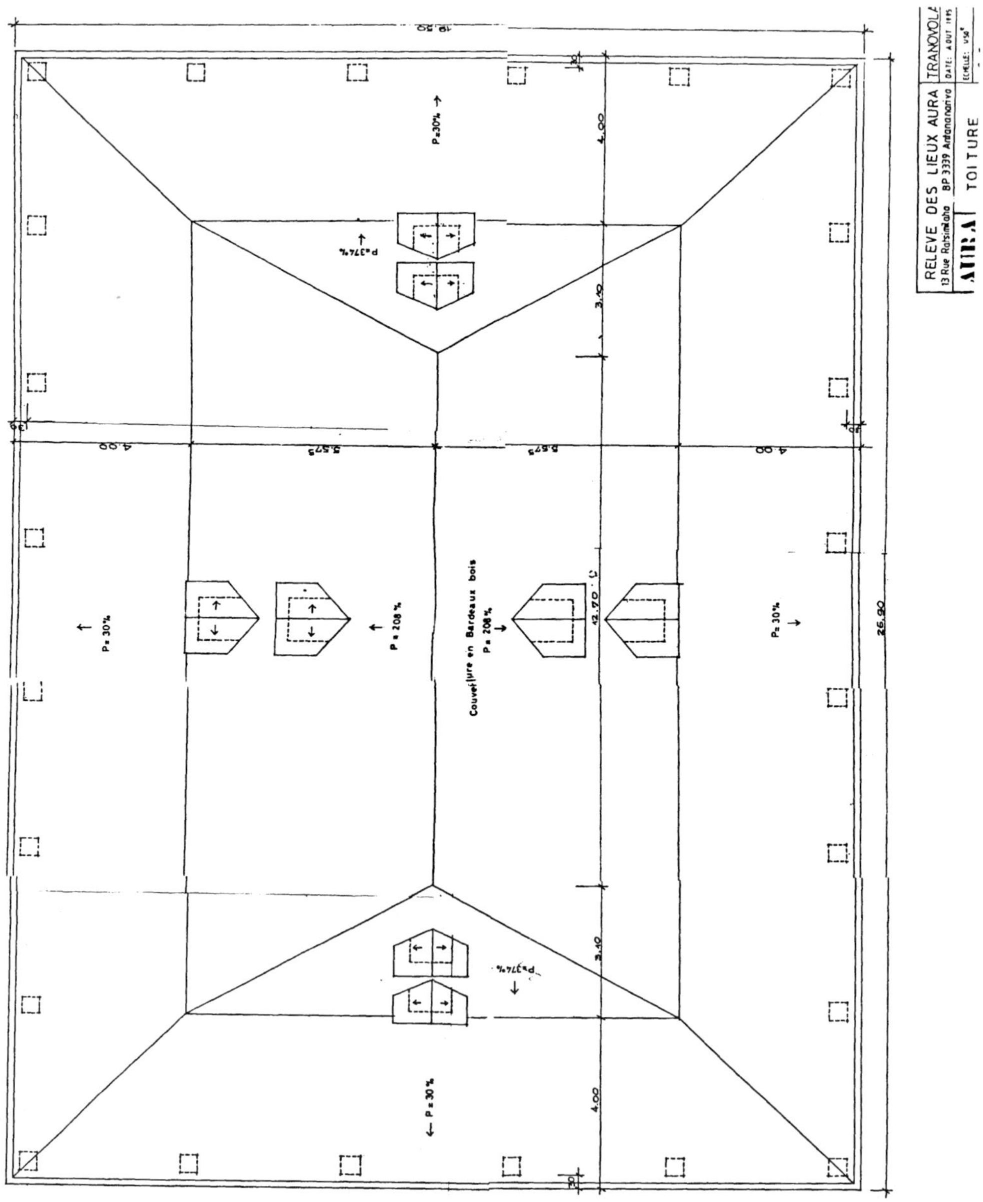

Plan du toit, état en 1995, AURA.

Le salon du premier niveau de *Tranovola*, vue vers la paroi Sud, années 1980, carte postale mexichrome.

Le salon du premier niveau : salle de Paléontologie en 1905, cl. F. T. M.

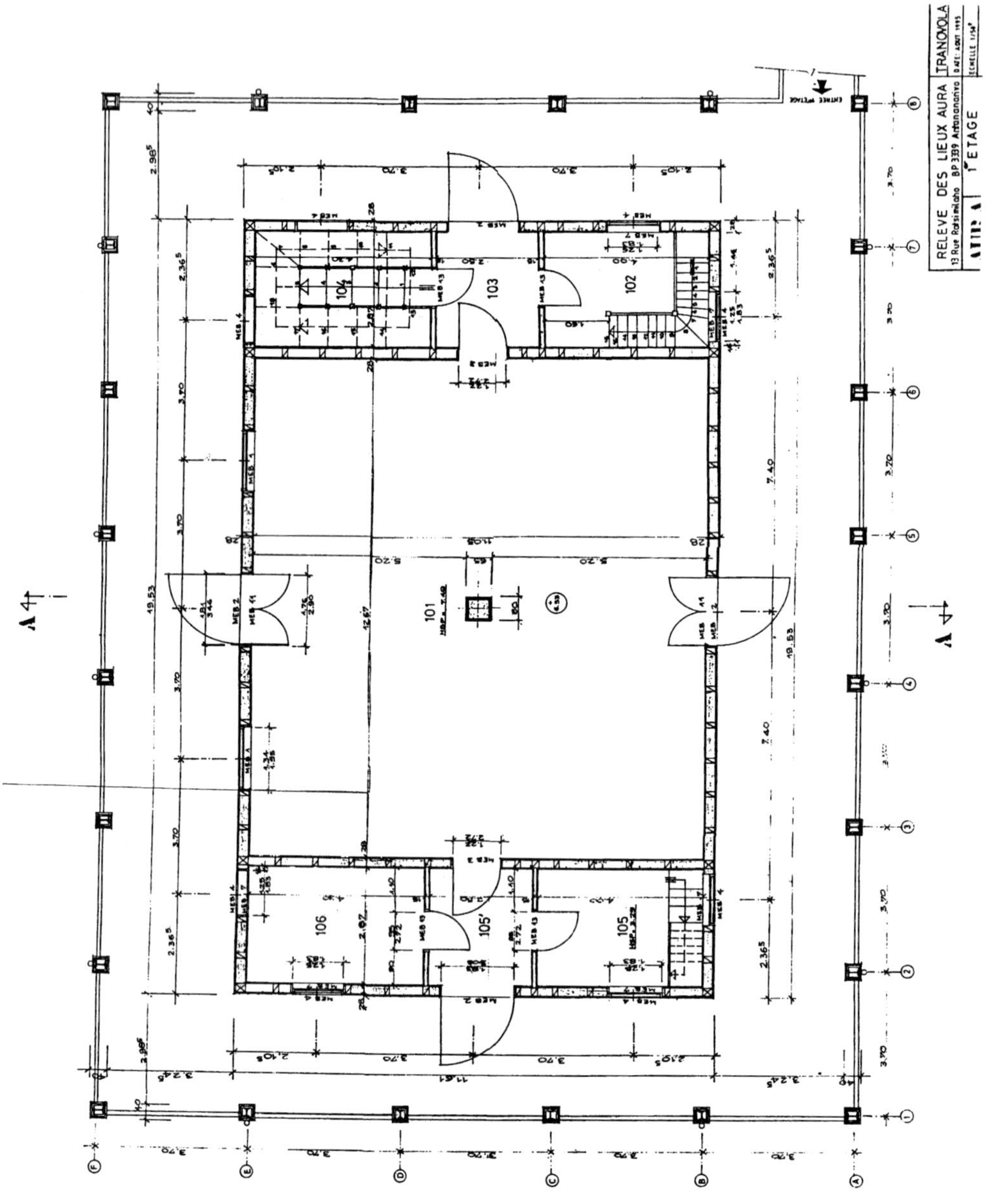

Plan du premier étage, état en 1995, AURA.

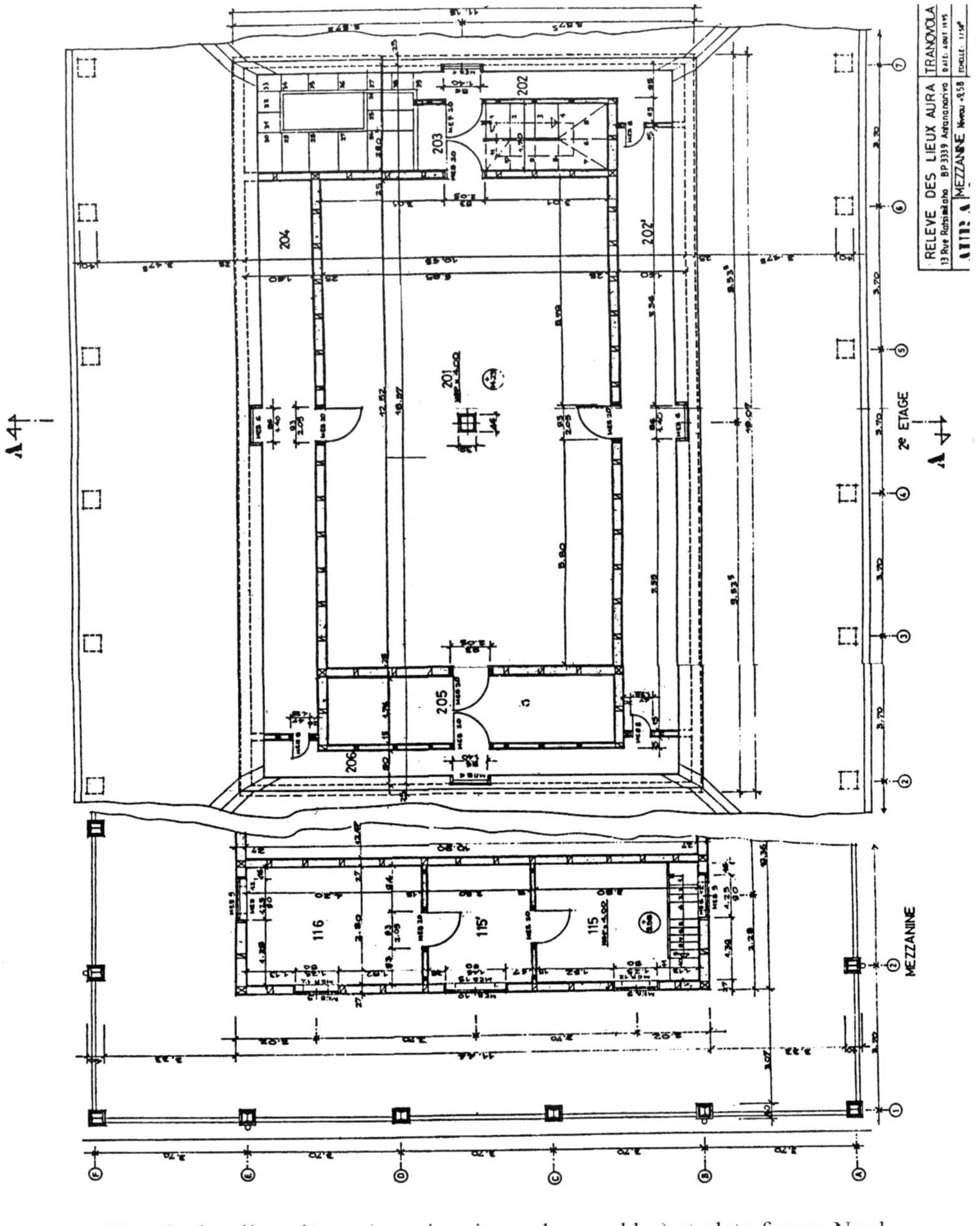

Plan du deuxième étage, (premier niveau des combles) et plate-forme Nord du deuxième niveau intermédiaire « mezzanine », état en 1995, AURA.

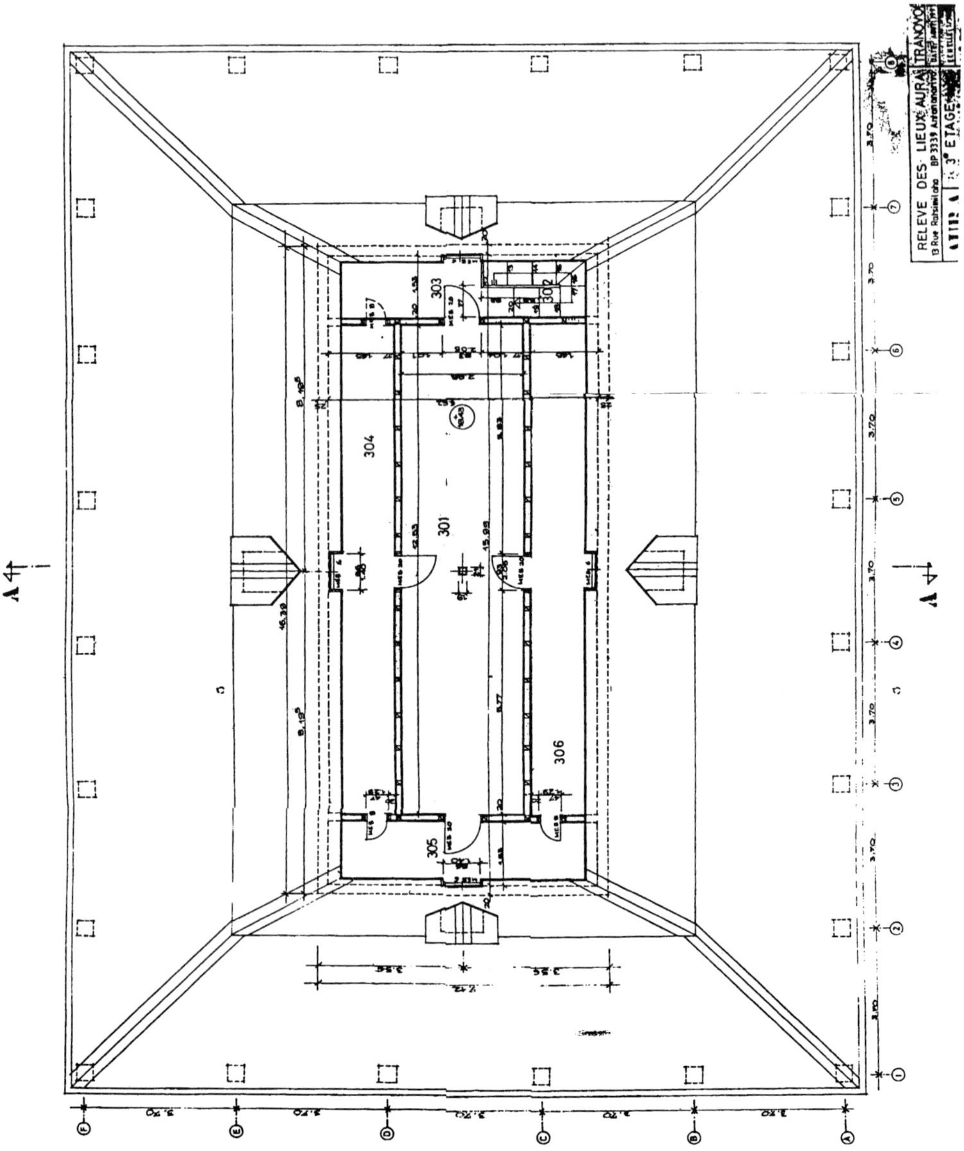

Plan du troisième étage, (deuxième niveau des combles), état en 1995, AURA.

Les frises du salon et les quatre grands tableaux du premier niveau,
état en 1993 pour les clichés Raymond Giannucci.

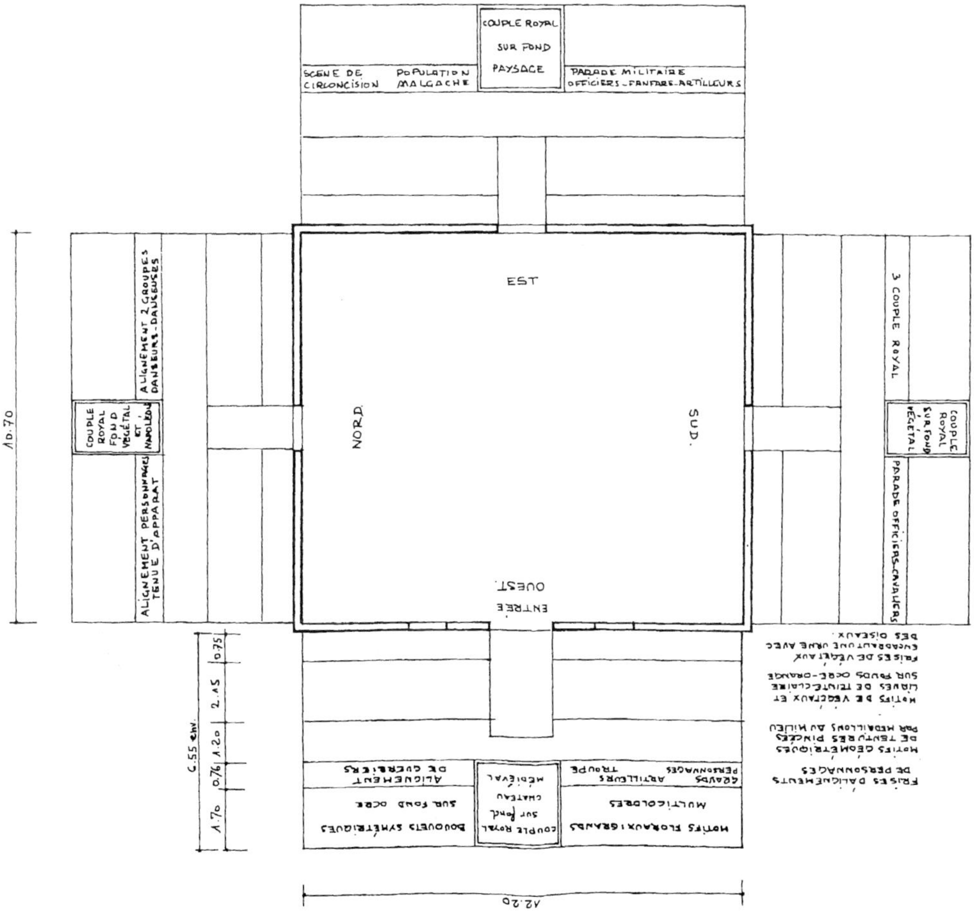

Plan des frises et répartition des tableaux, croquis de M. Raymond Giannucci.

Ouest, cl. Raymond Giannucci. Au centre, tableau :
Couple royal sur fond de château médiéval.

Ouest D., *Guerriers*, cl. Raymond Giannucci.

Ouest G., *Défilé militaire scènes d'artillerie*, cl. Bulletin de l'Académie Malgache 1931, T. 14.

Ouest D. bis, *Guerriers,* cl. Bulletin de l'Académie Malgache 1931, T. 14.

Nord, cl. Raymond Giannucci. Au centre, tableau :
Couple royal sur fond végétal et Napoléon, à droite et à gauche : *Scènes de circoncision royale.*

Nord C., cl. Raymond Giannucci. Au centre, agrandissement du tableau :
Couple royal sur fond végétal et Napoléon.

Nord G., *Scènes de circoncision royale*, cl. Bulletin de l'Académie Malgache 1931, T. 14.

Nord D., *Scènes de circoncision royale*, cl. Revue de Madagascar, 1933.

Est, cl. Raymond Giannucci. Au centre, tableau : *Couple royal sur fond de paysage*, à gauche : *Scènes de circoncision royale,* à droite : *Défilés militaires.*

Est G, cl. *Scènes de circoncision royale,* cl. Raymond Giannucci.

Sud G, *Trois couples princiers*, cl. Revue de Madagascar, 1933.

Sud D, *Fanfare, officiers, scènes d'artillerie,* cl. Raymond Giannucci.

Est D, Détails, *Officiers,* coll. Raymond Giannucci.

Est D, Détails, *Fanfare, scènes d'artillerie,* coll. Raymond Giannucci.

Ouest, *« Manjakamiadana »,* façade occidentale, état en 1993, cl. M. D. Peux.

Est, *« Manjakamiadana »,* façade orientale, état en 1993, cl. M. D. Peux.

Nord, *« Tranovola »,* façade occidentale, état en 1993, cl. M. D. Peux.

Sud, *« Tranovola »,* façade orientale, état en 1993, cl. M. D. Peux.

Le portail Nord du Rova en 1862, gravure Oliver Samuel Pasfield.

« Antananarivo from the queen's lake »,
gravure extraite de *Madagascar and his people.* James Sibree.

Détails, *Officiants pour la circoncision royale.* Fragment de la frise avant sa réfection en 1897.
Bulletin de l'Académie Malgache, 1931, T. 14.

Portrait de Radama I par Coppalle en 1825, reproduction carte postale.

À gauche : *Mahisty,* au centre : l'escalier de Rasoherina,
à droite : l'angle Nord-Ouest du *Manampisoa,* état entre 1930 et 1940, ANTA.

Façade Ouest, état en 1993, coll. Giannucci.

Façade Est, au second plan la face orientale du *Manjakamiadana*,
état en 1993, coll. Giannucci.

Façades Nord et Ouest, à l'angle Nord-Ouest du soubassement, signalé par un panneau, l'emplacement de *Tranobiriky*, F. T. M. 1901.

Face Est, à l'arrière plan la tour Sud-Est du *Manjakamiadana*, Musée de l'Homme, cl. Dr Teissonnière, non daté.

Au premier plan, le bassin construit à l'emplacement des fondations du *Masoandro* de Ranavalona III, Manampisoa face Sud ; à l'arrière plan, la face orientale du *Manjakamiadana* et la tour Nord-Est, état entre 1930 et 1940, ANTA.

L'arc de porte de l'escalier de Rasoherina, état en 1996, cl. M. D. Peux.

L'arc de porte au Sud-Ouest de *Manampisoa*, à l'arrière-plan, à gauche les fondations du *Masoandro* de Ranavalona III, à droite les annexes du Temple du Palais, état en 1996, cl. M. D. Peux.

Au premier plan, les fondations du *Manampisoa*, état en 1996, cl. M. D. Peux.

Face Est et vérandah Nord-Est, au premier plan le filanjana de Ranavalona III et ses porteurs, état entre 1930 et 1940, ANTA.

Façade Est, fronton et porte principale, état en 1993, cl. Giannucci.

Pilastres, angle Nord-Ouest, état en 1993, cl. Giannucci.

Base en pierre du poteau cornier, angle Nord-Est, état en 1996, cl. M. D. Peux.

Pignon de la façade Est, état en 1993, cl. Giannucci.

Pignon de la façade Est, détails : balcon et porte-fenêtre, état en 1993, cl. Giannucci.

Console du balcon, état le 8 novembre 1995, cl. M. D. Peux.

Pignon Sud, état en 1993, cl. Giannucci.

Détail de la fenêtre, état en 1993, cl. Giannucci.

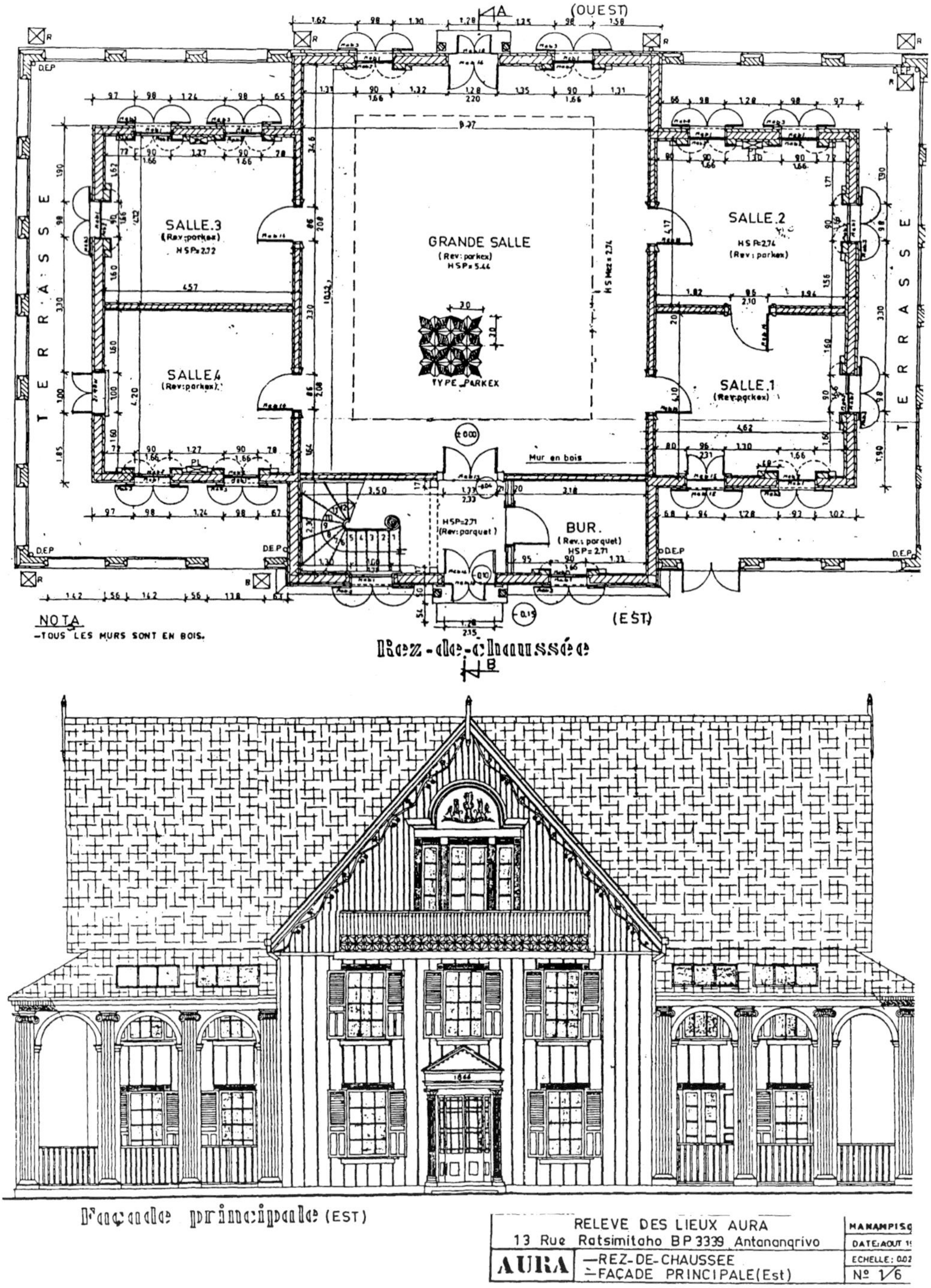

Plan du premier niveau, élévation façade principale Est, état en 1995, AURA.

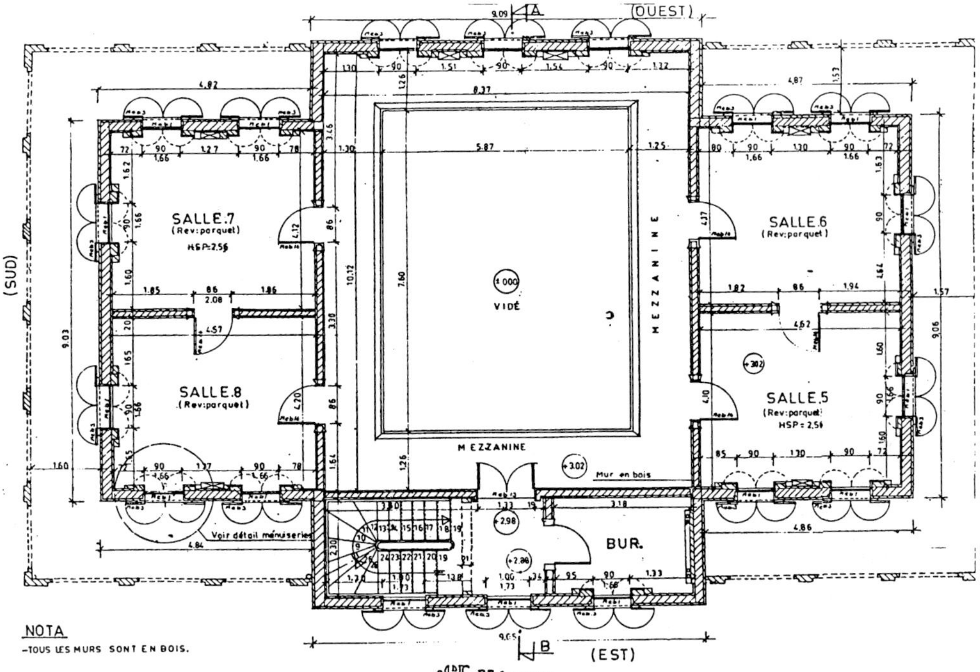

1er Etage

Façade postérieure (OUEST)

Plan du deuxième niveau, élévation de la face Ouest, état en 1995, AURA.

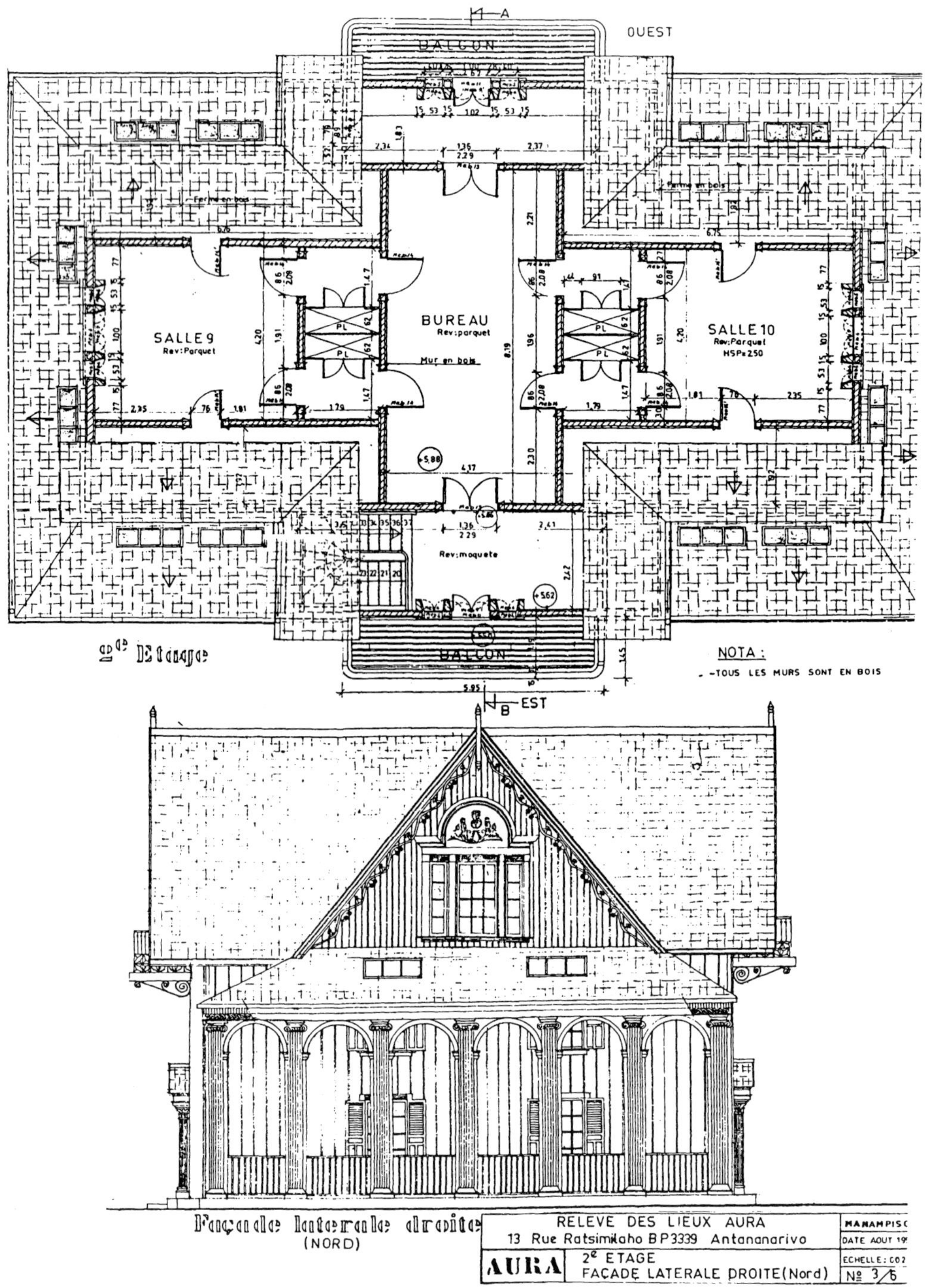

Plan du troisième niveau, élévation de la face Nord, état en 1995, AURA.

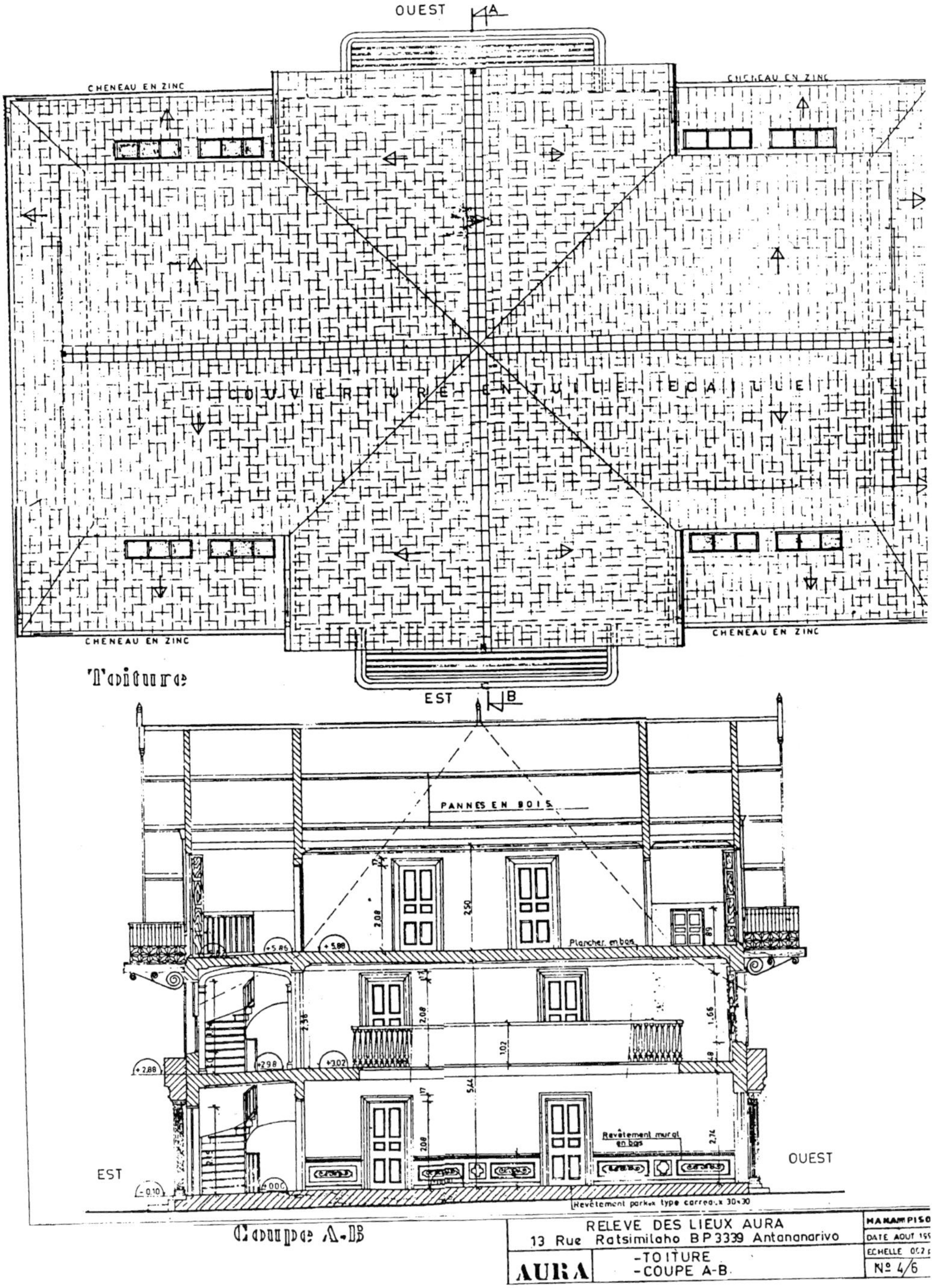

Plan du toit, coupe Est-Ouest, état en 1995, AURA.

Détail des menuiseries, élévation de la face Sud, état en 1995, AURA.

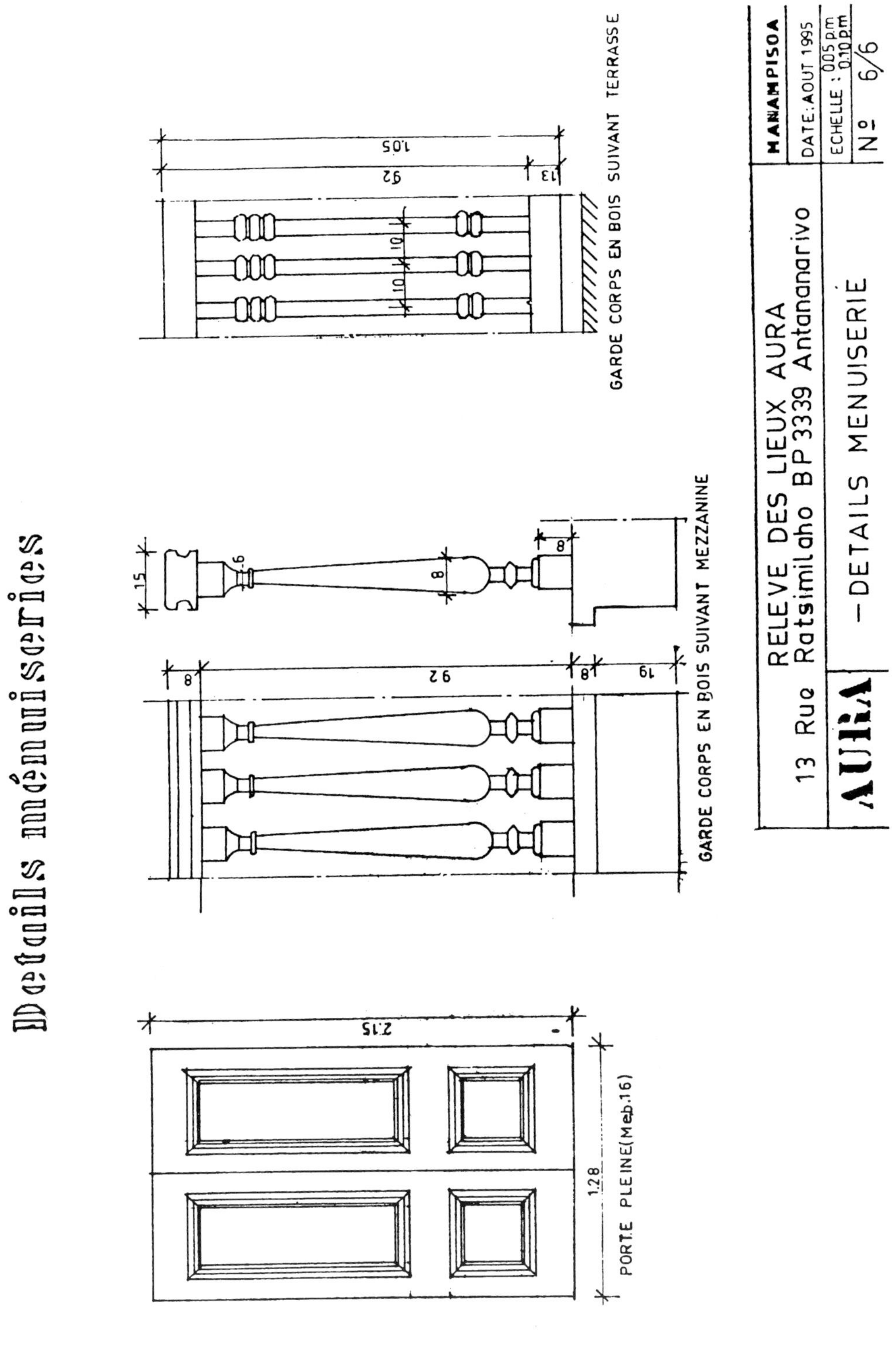

Détail des menuiseries, état en 1995, AURA.

Salle principale, premier niveau, état en 1970, carte postale Giambrone.

Salle principale, premier niveau, mezzanine du deuxième niveau,
cliché pris vers le Sud, état entre 1930 et 1940, ANTA.

Salle principale, premier niveau, mezzanine du deuxième niveau,
cliché pris vers l'angle Sud-Ouest, état entre 1930 et 1940, ANTA.

Bureau du Premier Ministre, deuxième niveau, devant de fausse cheminée, état entre 1930 et 1940, ANTA.

L'ensevelissement de Rasoherina le 14 avril 1868,
reprophotographie M. D. Peux, original : Fonds Grandidier.

Palais royaux et maisons des nobles, image extraite du livre de James Sibree, *Madagascar and his people.*

Les pierres destinées à la construction du Temple
et à la réfection des façades du *Manjakamiadana* (1870-1874), Fonds Grandidier.

The Palace Church, Antananarivo, image extraite du livre du Rev. Matthews : *Thirty years in Madagascar.*

Le Rova vu du Sud (1873/1874), reprophotographie M.D. Peux, original Fonds Grandidier.

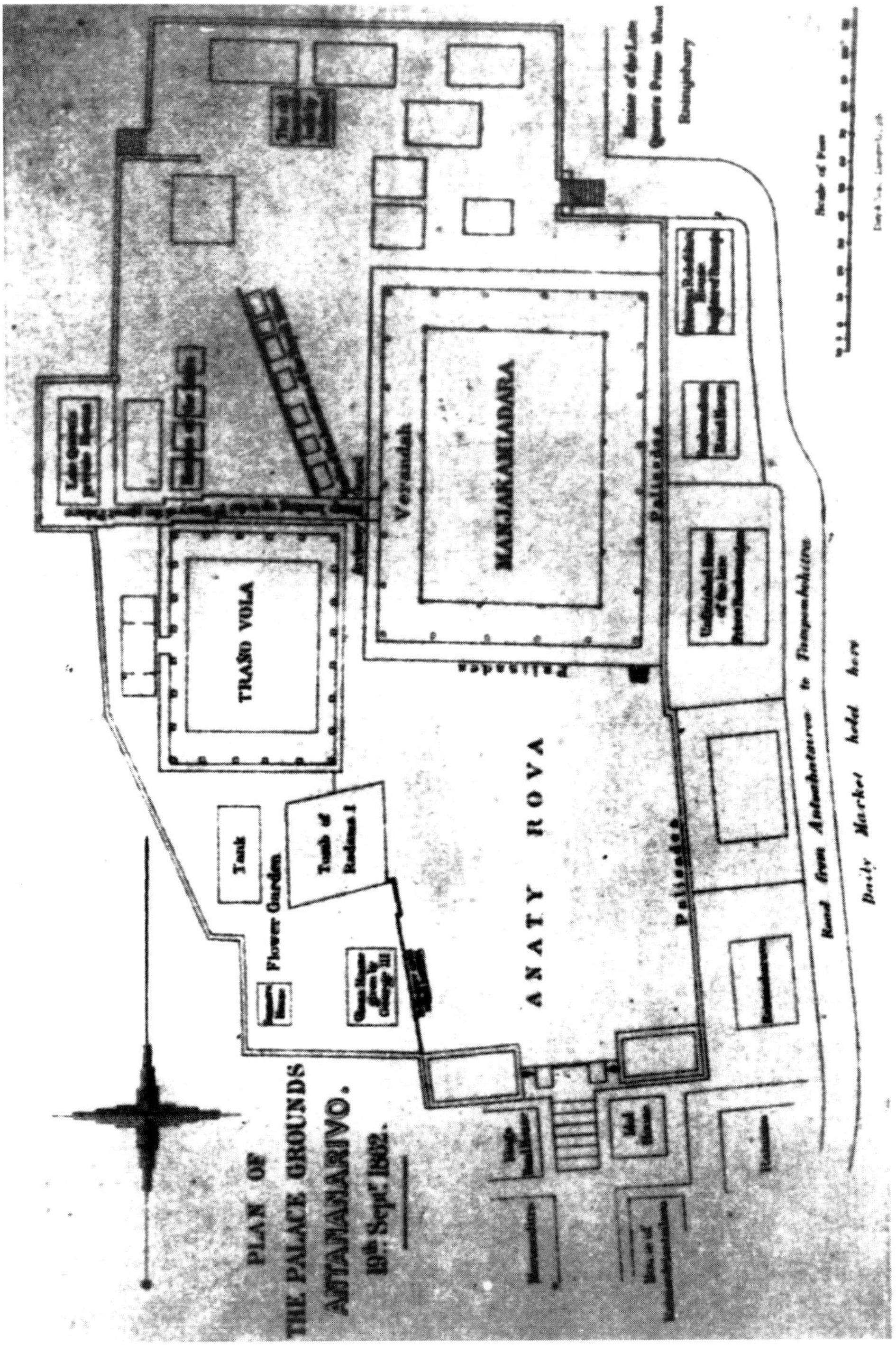

Plan du Rova en 1862, Oliver Samuel Pasfield, image extraite du livre d'Oberlé Philippe, *Tananarive et l'Imerina.*

Le Temple du Palais, années quarante, ANTA.

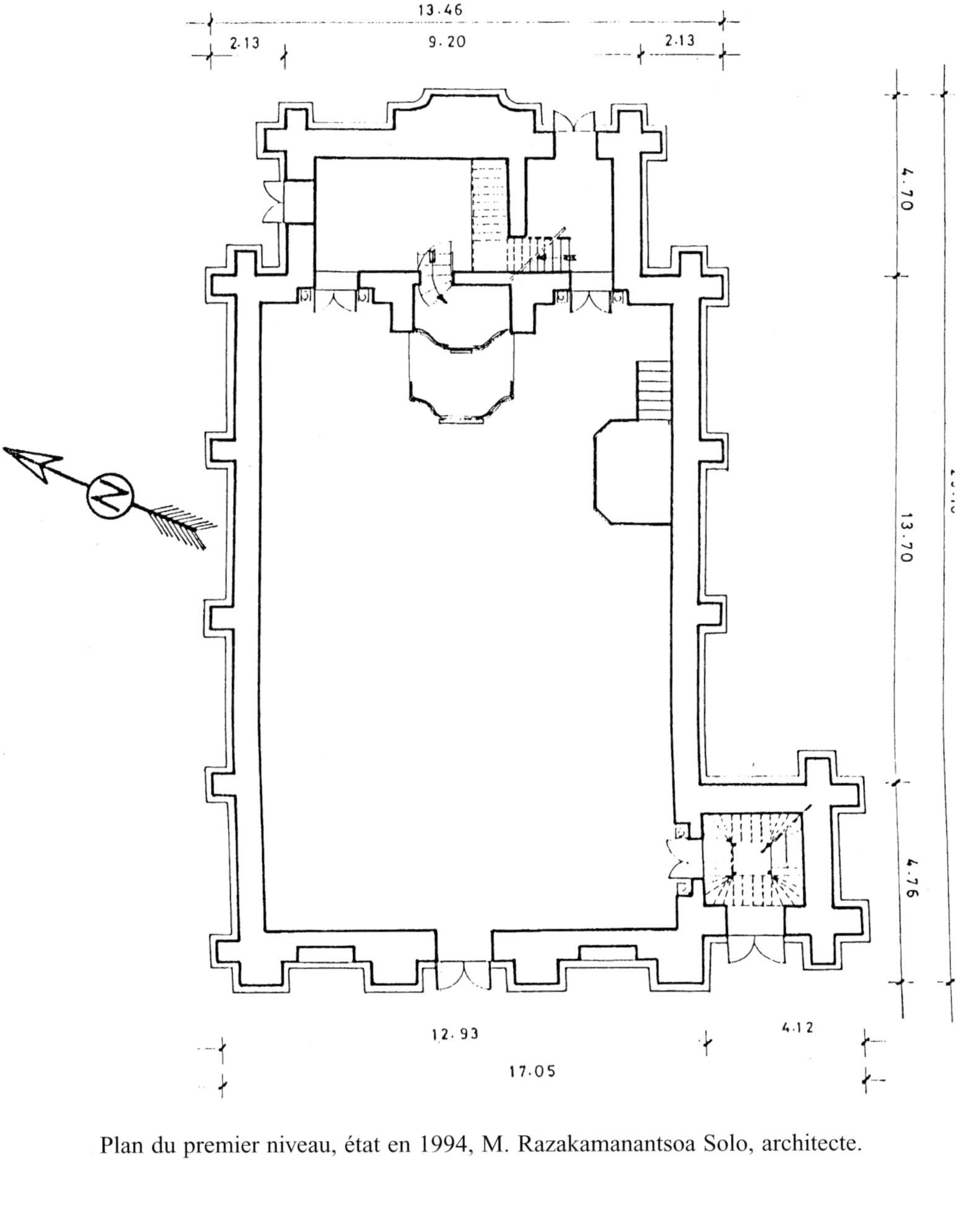

Plan du premier niveau, état en 1994, M. Razakamanantsoa Solo, architecte.

Face latérale Nord du Temple, état en 1994, cl. M. D. Peux.

La porte édifiée par W. Pool au Sud-Ouest du Rova, état en 1994, cl. M. D. Peux.

La façade Ouest du Temple, état en 1994,
cl. M. D. Peux.

La façade Ouest du Temple, état en 1994,
cl. M. D. Peux.

Travée Sud de la façade Ouest, état en 1994, cl. M. D. Peux.

Arc en plein cintre, premier niveau de la façade Ouest, état en 1994, cl. M. D. Peux.

Les colonnes du deuxième niveau de la façade Ouest, état en 1994, cl. M. D. Peux.

Les chapiteaux des colonnes de la façade Ouest, état en 1994, cl. M. D. Peux.

L'une des fenêtres du deuxième niveau de la façade Ouest, état en 1994, cl. M. D. Peux.

Le tympan et l'oculus de la façade Ouest, état en 1994, cl. M. D. Peux.

La façade Ouest du clocher, état en 1994, cl. M. D. Peux.

Travée de la face latérale Nord, état en 1994, cl. M. D. Peux.

Les panneaux médians du soubassement de la face latérale Nord, état en 1994, cl. M. D. Peux.

L'angle Nord-Ouest et la face latérale Nord, état en 1994, cl. M. D. Peux.

Le pilastre de l'angle Nord-Ouest, état en 1994, cl. M. D. Peux.

L'une des fenêtres de la face latérale Nord, état en 1994, cl. M. D. Peux.

La sacristie, le petit pont qui communique en Est avec la terrasse du Rova, état en 1994, cl. M. D. Peux.

Les annexes Est, état en 1994, cl. M. D. Peux.

La fenêtre Sud du niveau inférieur de la pièce réservée à la Reine (à l'Est du Temple), état en 1994, cl. M. D. Peux.

L'accès du petit pont, la porte ouvrant sur le niveau supérieur du cabinet particulier réservé à la Reine, état en 1994, cl. M. D. Peux.

La face latérale Sud, la face Est
du clocher, état en 1994, cl. M. D. Peux.

Face latérale Sud : la fenêtre murée
du Sud-Est, état en 1994, cl. M. D. Peux.

Le niveau médian du clocher, vue prise de l'Est, état en 1994, cl. M. D. Peux.

La rosace Est du clocher, état en 1994, cl. M. D. Peux.

Le clocher, la flèche, vue prise du quatrième niveau du *Manjakamiadana*, état en 1994, cl. M. D. Peux.

Le clocher, la flèche, vue prise du demier niveau du *Manjakamiadana*, état en 1994, cl. M. D. Peux.

La base de la flèche, vue prise du demier niveau du *Manjakamiadana*, état en 1994, cl. M. D. Peux.

L'intérieur du Temple, vue prise vers l'Est, état en 1994, cl. M. D. Peux.

L'intérieur du Temple, le long côté Sud, état en 1994, cl. M. D. Peux.

L'intérieur du Temple, vue prise vers l'Ouest, état en 1994, cl. M. D. Peux.

L'une des fenêtres à vitraux des longs côtés,
état en 1994, cl. M. D. Peux.

La table de communion, la chaire à prêcher, état en 1994, cl. M. D. Peux.

L'arcade et la rosace du sanctuaire,
état en 1994, cl. M. D. Peux.

L'appui de communion, état en 1994, cl. M. D. Peux.

La porte Nord-Est, état en 1994,
cl. M. D. Peux.

La porte Nord-Est de la sacristie,
état en 1994, cl. M. D. Peux.

L'escalier qui mène au deuxième niveau du cabinet particulier réservé à la Cour, état en 1994, cl. M. D. Peux.

Le «banc» de la Reine, état en 1994, cl. M. D. Peux.

Le socle en marbre du « banc » de la Reine, état en 1994, cl. M. D. Peux.

Le socle en marbre du « banc » de la Reine, détails, état en 1994, cl. M. D. Peux.

Le socle en marbre et le parapet du « banc » de la Reine, état en 1994, cl. M. D. Peux.

Les sculptures sur bois du parapet du « banc » de la Reine, état en 1994, cl. M. D. Peux.

Le dais du « banc » de la Reine, état en 1994, cl. M. D. Peux.

Les plates-formes du Temple d'Ampamarinana, état en 1994, cl. M. D. Peux.

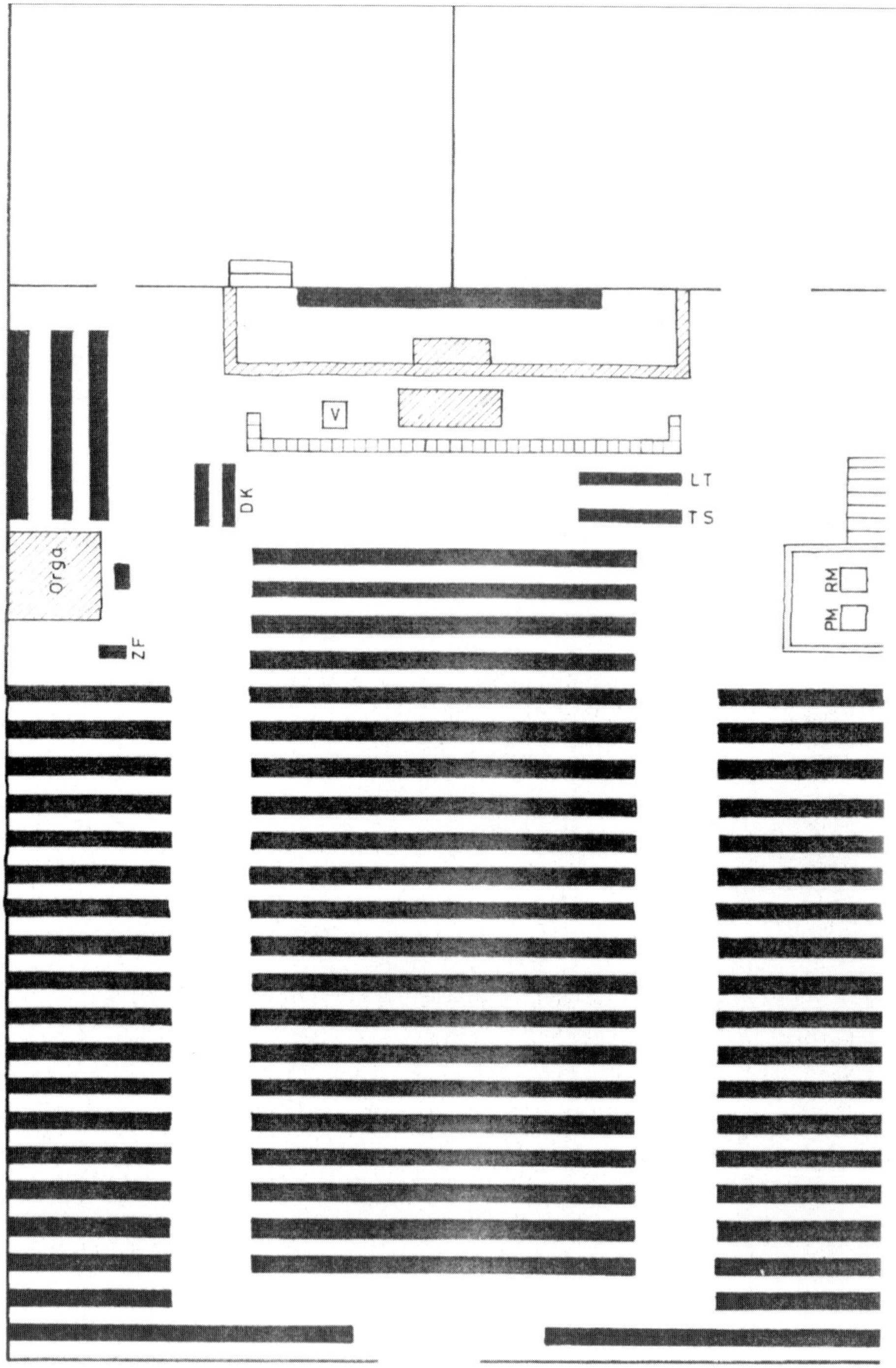

Disposition de l'assemblée lors du culte d'après Ranaivo :
Ny amin'ny Fiangonan'Anatirova dans Ny Mpanolo-Tsaina, 1937.

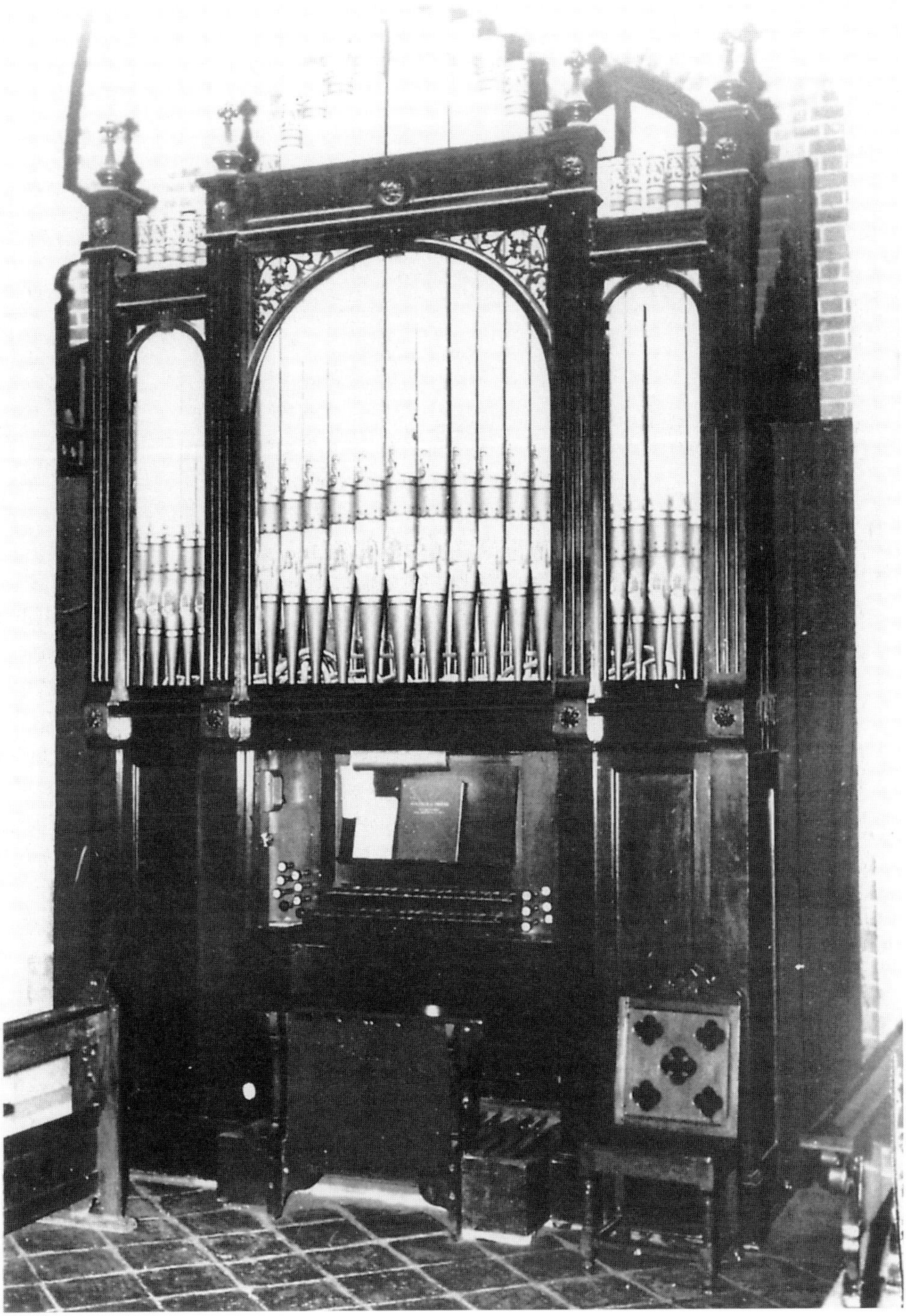

L'orgue de la Reine, photo prise dans les années quarante au Temple d'Andohalo, ANTA.

Le temple d'Ambatonakanga (1867/1868), Fonds Grandidier.

Les plates-formes du Temple d'Ampamarinana, état en 1994, cl. M. D. Peux.

Le Temple d'Ambohipotsy, état en 1994, cl. M. D. Peux.

Saint-Joseph de Cluny à Mahamasina, état en 1994, cl. M. D. Peux.

« *Malagasy church-old style* », image extraite du livre du Rev. Cousins : *Madagascar of to-day.*

Le Temple du Palais, état le 8 novembre 1995, cl. M. D. Peux.

Le Temple du Palais, état le 8 novembre 1995, cl. M. D. Peux.

Le Palais de la Reine en cours de travaux, vers 1871, ANTA.

Le Palais de la Reine en cours de travaux, vers 1876/1877,
en contrebas, le Temple d'Ampamarinana, ANTA.

Manjakamiadana : façade Nord, à gauche les tombeaux des Reines et des Rois, *Tranovola*, état en 1993, cl. M. D. Peux.

Manjakamiadana : façade Sud et Est, état en 1993, cl. M. D. Peux.

Façade Sud et Est, état en 1993, cl. M. D. Peux.

Manjakamiadana : façade Ouest, état en 1993, cl. M. D. Peux.

L'escalier latéral Est, état en 1993, cl. M. D. Peux.

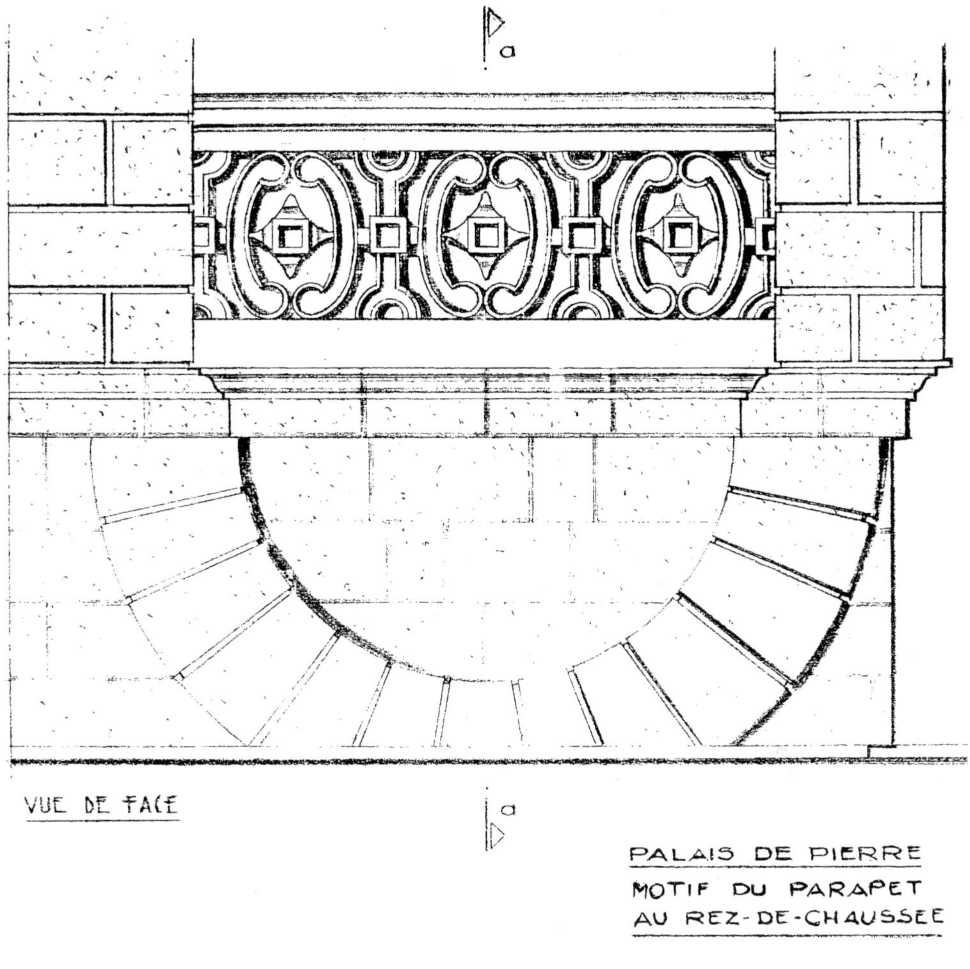

Motif du parapet, rez-de-chaussée, croquis, état en 1993, coll. M. D. Peux.

Premier niveau, état en 1993, cl. M. D. Peux.

Frise d'oves séparant le premier et le deuxième niveau, état en 1993, cl. M. D. Peux.

Frises sous les impostes de piliers, état en 1993, cl. M. D. Peux.

Deuxième niveau, état en 1993, cl. M. D. Peux.

Les grilles du deuxième niveau, état en 1993, cl. M. D. Peux.

Les fenêtres du deuxième niveau des tours, état en 1993, cl. M. D. Peux.

Les fenêtres du deuxième niveau des tours, détails : frise de cœurs et palmettes, état en 1993, cl. M. D. Peux.

Troisième niveau, état en 1993, cl. M. D. Peux.

Le parapet du troisième niveau des tours, état en 1993, cl. M. D. Peux.

Les fenêtres du troisième niveau des tours, état en 1993, cl. M. D. Peux.

Les baies géminées du quatrième niveau des tours, état en 1993, cl. M. D. Peux.

La tour Sud-Est, quatrième niveau (de la tour), état en 1993, cl. M. D. Peux.

Le paratonnerre de la tour Sud-Est, état en 1993, cl. M. D. Peux.

L'escalier de la tour Nord-Ouest vu du dessous, état en 1993, cl. M. D. Peux.

L'escalier de la tour Nord-Ouest vu du dessus (du quatrième niveau de la tour), état en 1993, cl. M. D. Peux.

La tour Nord-Ouest, dernier niveau, état en 1993, cl. M. D. Peux.

La vérandah Ouest, deuxième niveau, état en 1993, cl. M. D. Peux.

La vérandah Ouest, troisième niveau, état en 1993, cl. M. D. Peux.

Manjakamiadana, à gauche *Tranovola*, état en 1898, F. T. M.

La lanterne de serrage des tirants, vérandah Ouest, deuxième niveau, état en 1993, cl. M. D. Peux.

Maison en brique, à tour et vérandah, état en 1993, cl. M. D. Peux.

Le Palais du Premier Ministre d'Andafiavaratra, état en 1898, F. T. M.

Vérandah à colonnes de pierre et chapiteaux sculptés, état en 1993, cl. M. D. Peux.

Maison en brique, à tour et vérandah, état en 1993, cl. M. D. Peux.

À l'Est des annexes du Temple du Palais, le toit du *Masoandro* de Ranavalona II, les palissades délimitant le Rova (1875/1890), reprophotographie M. D. Peux, Original Fonds Grandidier.

Première sortie de la Reine Ranavalona III en 1883, F. T. M.

Le Rova de Tsinjoarivo en 1898, la Reine y séjourna en 1888, F. T. M.

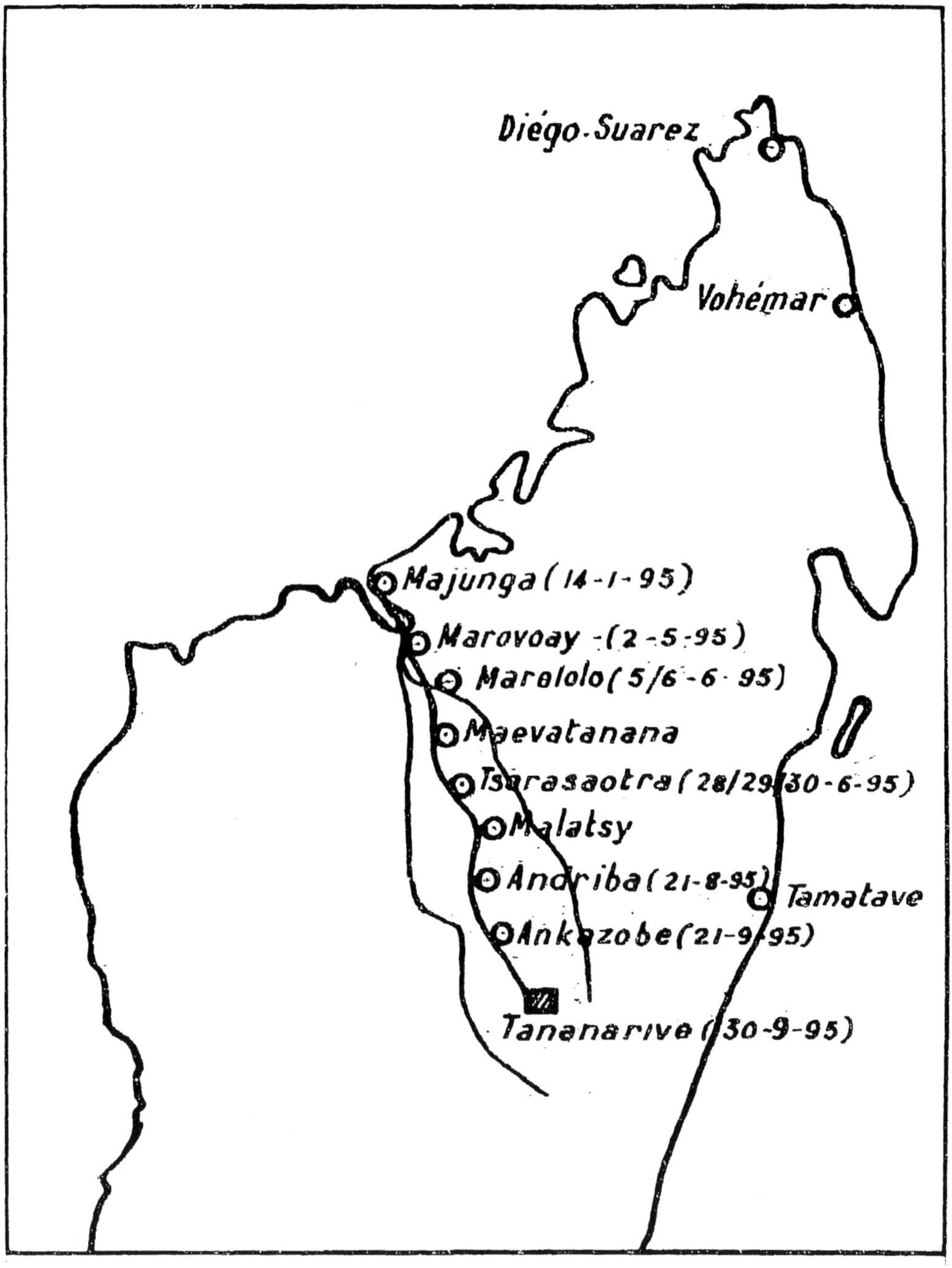

Itinéraire du corps expéditionnaire en 1895

Itinéraire du corps expéditionnaire en 1895, carte extraite du livre d'Edouard Ralaimihoatra, *Histoire de Madagascar.*

« Tsarahafatra », cl. R. P. Roblet, non daté, (avant 1897), reprophotographie M. D. Peux, original Fonds Grandidier.

Les colonnes de grés qui supportaient la « terrasse indienne » menant au Kelisoa, état en 1996, cl. M. D. Peux.

Masoandro, le palais destiné à Ranavalona III, coll. Mantaux.

La maison habitée par Ranavalona III à Saint-Denis de la Réunion lors de son exil, image extraite du livre de Vaisse Christian, Hennequet François, Barat Christian, *CASES CACHEES, Les maisons de la Réunion.*

Détail des chapiteaux taillés pour recevoir les poutres de la « terrasse indienne », état en 1996, cl. M. D. Peux.

Arrivée des restes mortels de Ranavalona III le 30 octobre 1938, ANTA.

Ensevelissement des restes de Ranavalona III le 31 octobre 1938 au tombeau des Reines, ANTA.

Vingt-neuf avril 1897, soumission de Rabezavana et de Rainibetsimisaraka dans la cour de *Manjakamiadana* alors école «Le Myre de Vilers», reprophotographie M. D. Peux, original Fonds Grandidier.

Filanjana et lits royaux, Musée de l'Homme, cl. Dr Teissonnière, non daté.

Pièce d'argenterie exécutée par l'orfèvre royal : Andrianantoanina pour Ranavalona I, état entre 1930 et 1940, ANTA.

Assiettes à riz en graphite initialement conservées dans Mahisty, état entre 1930 et 1940, ANTA.

Couronne royale à sept fers de lance, reprophotographie M. D. Peux, original Séminaire de Tsaramasoandro.

Couronne appartenant à Ranavalona II, reprophotographie M. D. Peux, original Bibliothèque Scolastique de Tsaramasoandro.

Journal des Voyages

ET DES AVENTURES DE TERRE ET DE MER

N° 736. — Prix : 15 centimes. — JOURNAL HEBDOMADAIRE — Bureaux : 8, rue Saint-Joseph.

Abonnements. — Paris et Seine. 8 fr. — Départements. 10 fr. — Etranger. 12 fr. — Dimanche 16 Août 1891.

MON VOYAGE A TRAVERS MADAGASCAR

PAR LE DOCTEUR LOUIS CATAT

Journal des Voyages, couverture illustrée par Louis Tinayre, N° 736, dimanche 16 août 1891.

Combat de Tsarasotra, 1er juillet 1895. M. V. 54.44. Toile, H. 0,65 ; L. 1.00. *S.D.b. g. Louis Tinayre/Tsarasotra, 1er juillet 1895*. Attaque par les Hova du village occupé par la brigade Metzinger. Peint sur place. Étude pour le diorama N° 6 présenté à l'exposition universelle de 1900, place du Trocadéro. Salon de la Société des artistes français (1898). Achat et attribution au Musée de Versailles, 1897. R. M. N.

Départ de la colonne légère vers Andriba, 15 septembre 1895. M. V. 54.45. Toile, H. 0,75 ; L. 1,00. *S.D.b.g. Louis Tinayre/Andriba, 15 septembre 1895*. Épisode de la marche sur Tananarive. Peint sur place. Étude pour le diorama N° 8 présenté à l'exposition universelle de 1900, place du Trocadéro. Salon de la Société des artistes français (1898). Achat et attribution au Musée de Versailles 1897. R. M. N.

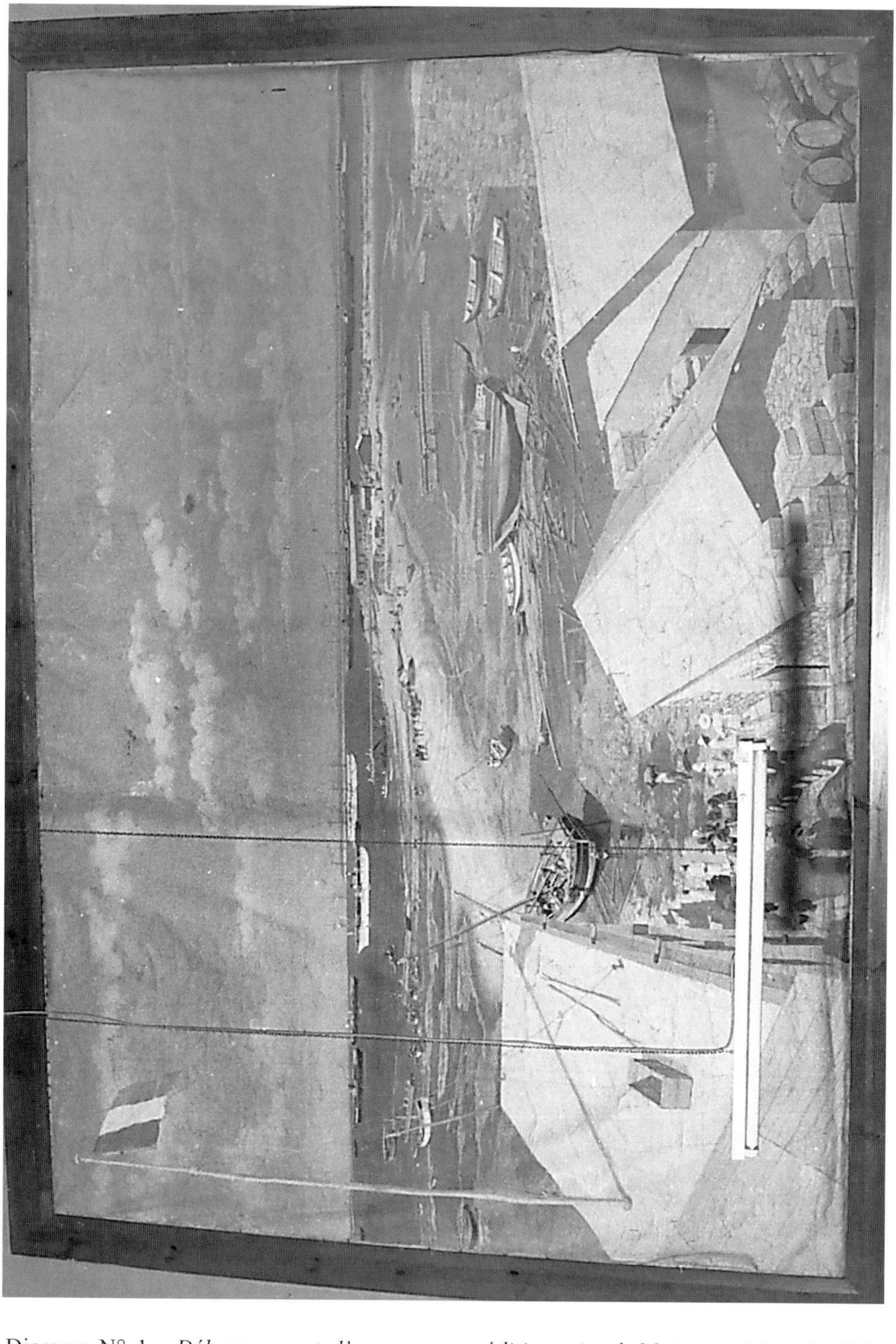

Diorama N° 1 : *Débarquement d'un corps expéditionnaire à Majunga, 15 mai 1895* ou *Majunga la pointe de sable*. H. S. T., H. 3,50 ; L. 5,50. Louis Tinayre. Face Sud, Sud-Ouest du troisième niveau du *Manjakamiadana*, Musée du Palais de la Reine, état en 1993,cl. M. D. Peux.

Diorama N° 9 : *Vue de Tamatave*. H. S. T., H. 3,50 ; L. 5,50. Louis Tinayre. Face Sud, Sud-Est du troisième niveau *Manjakamiadana*, Musée du Palais de la Reine, état en 1993,cl. M. D. Peux.

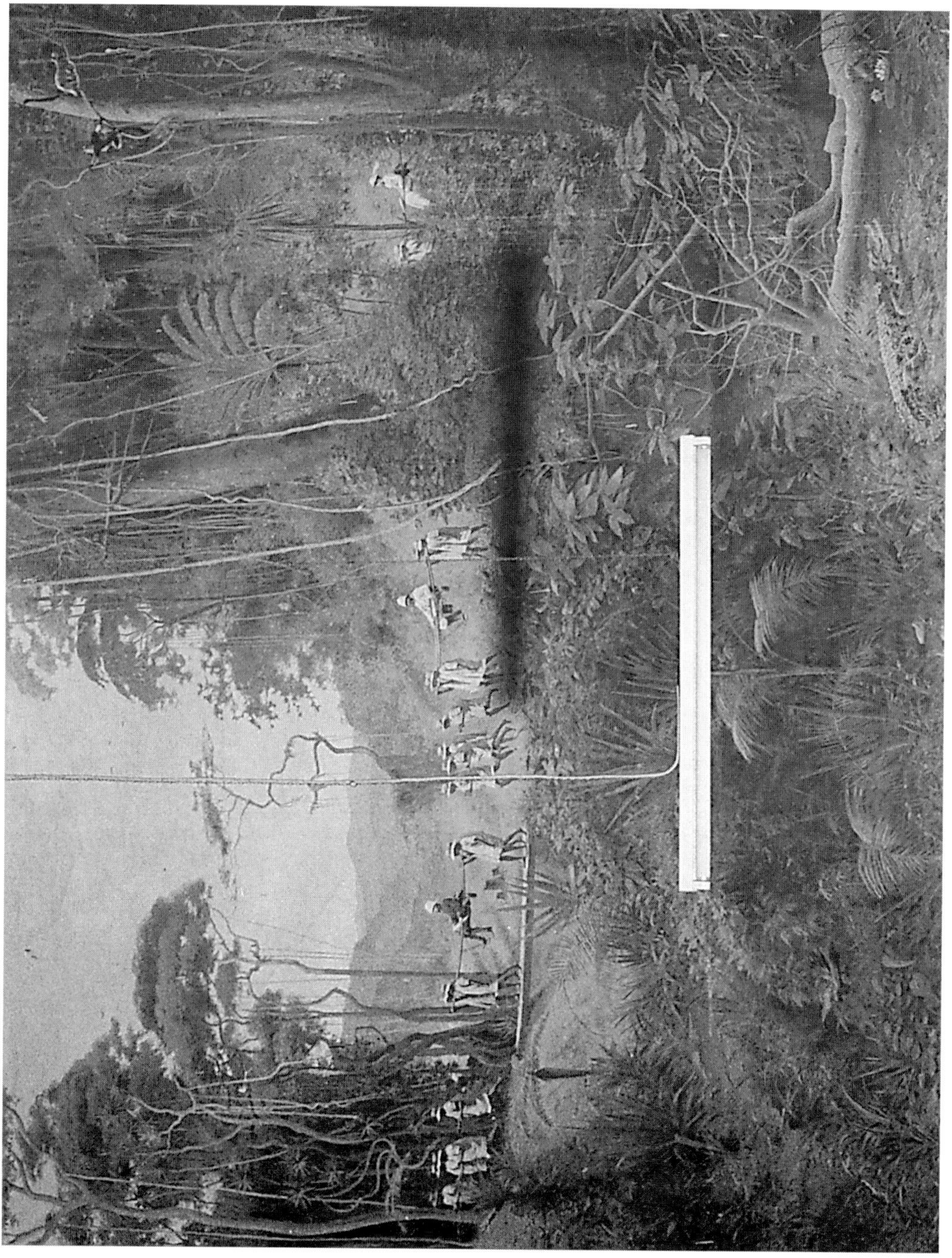

Diorama N° 10: *Traversée de la forêt d'Analamazotra*. H. S. T., H. 4,50 ; L. 5,50. Louis Tinayre. Face Nord, Nord-Est du troisième niveau du *Manjakamiadana*, Musée du Palais de la Reine, état en 1993, cl. M. D. Peux.

Détails, Diorama N° 10 : *Traversée de la forêt d'Analamazotra*. H. S. T., H. 4,50 ; L. 5,50. Louis Tinayre. Face Nord, Nord-Est du troisième niveau du *Manjakamiadana*, Musée du Palais de la Reine, état en 1993, cl. M. D. Peux.

Détails, Diorama N° 10 : Traversée de la forêt d'Analamazotra. H. S. T., H. 4,50; L. 5,50. Louis Tinayre. Face Nord, Nord-Est du troisième niveau du Manjakamiadana, Musée du Palais de la Reine, état en 1993, cl. M. D. Peux.

Diorama N° 12 : *Entrée du général Gallieni à Tananarive*. H. S. T., H. 4,50 ; L. 6,50. Louis Tinayre. Face Nord, Nord-Ouest du troisième niveau du *Manjakamiadana*, Musée du Palais de la Reine, état en 1993, cl. M. D. Peux.

Diorama N° 13 : *Une vue de Suberbieville*. H. S. T., H. 4,50 ;L. 10,00. Louis Tinayre. Face Est du troisième niveau du *Manjakamiadana*, Musée du Palais de la Reine, état en 1993, cl. M. D. Peux.

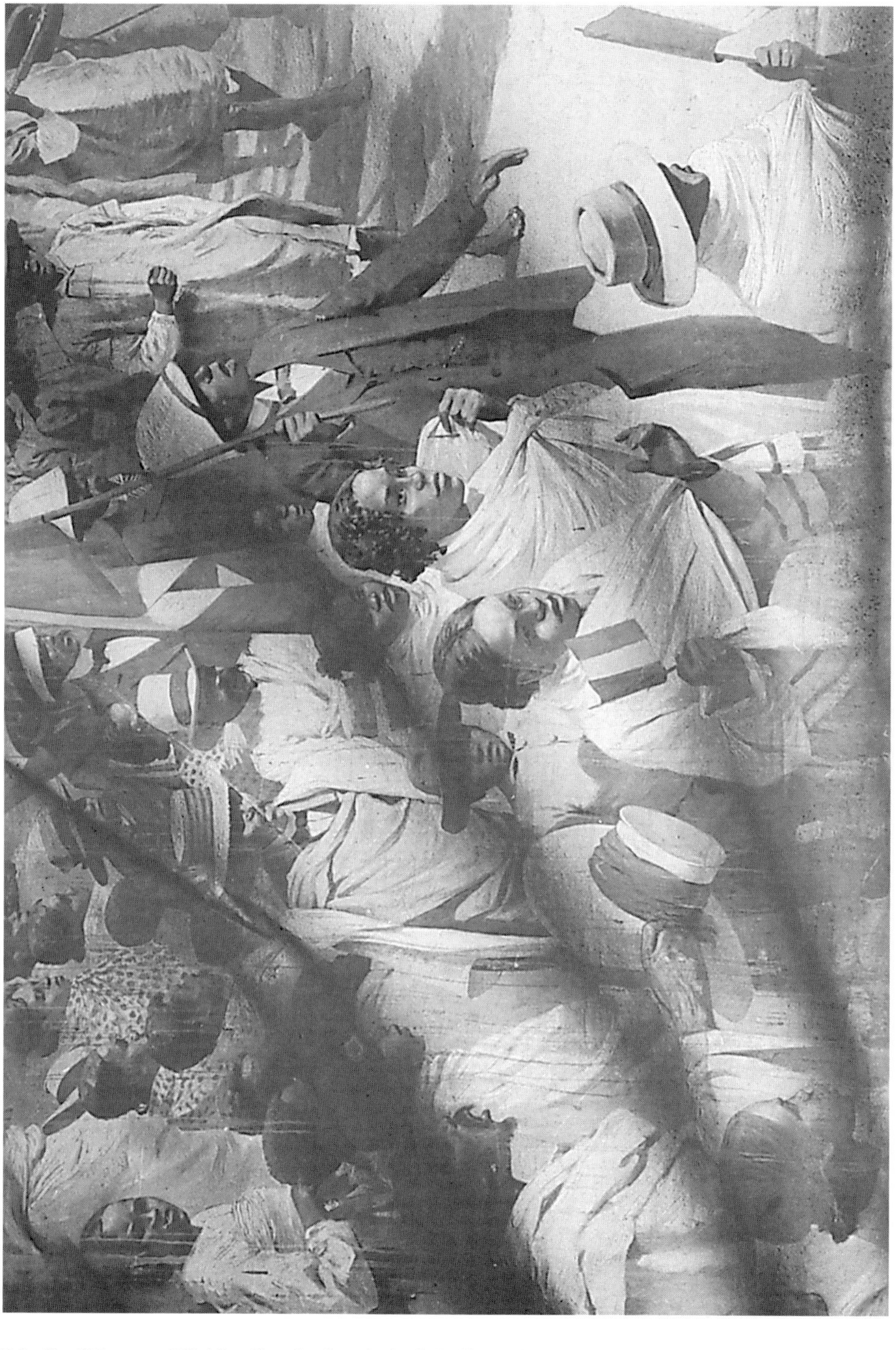

Détails, Diorama N° 12 : *Entrée du général Gallieni à Tananarive*. H. S. T., H. 4,50 ; L. 6,50. Louis Tinayre. Face Nord, Nord-Ouest du troisième niveau du *Manjakamiadana*, Musée du Palais de la Reine, état en 1993, cl. M D. Peux.

Détails, Diorama N° 13 : *Une vue de Suberbieville*. H. S. T., H. 4,50 ; L. 10,00. Louis Tinayre. Face Est du troisième niveau du *Manjakamiadana*, Musée du Palais de la Reine, état en 1993, cl. M. D. Peux.

Diorama N° 14 : *Un paysage betsileo*. H. S. T., H. 4,50; L. ,50. Louis Tinayre. Face Ouest, Nord-Ouest du troisième niveau du Manjakamiadana. Musée du Palais de la Reine, état en 1993, cl. M. D. Peux.

Détails, Diorama N° 14 : *Un paysage betsileo*. H. S. T., H. 4,50 ; L. 8,50. Louis Tinayre. Face Ouest, Nord-Ouest du troisième niveau du *Manjakamiadana*, Musée du Palais de la Reine, état en 1993, cl. M. D. Peux.

Détails, Diorama N° 14 : *Un paysage betsileo*. H. S. T., H. 4,50 ; L. 8,50. Louis Tinayre. Face Ouest, Nord-Ouest du troisième niveau du *Manjakamiadana*, Musée du Palais de la Reine, état en 1993, cl. M. D. Peux.

Diorama N° 5 : *Une scène de danse en pays sakalava*. H. S. T., H. 4,50 ; L. 8,50. Louis Tinayre. Face Ouest, Sud-Ouest du troisième niveau du *Manjakamiadana*, Musée du Palais de la Reine, état en 1993, cl. M. D. Peux.

Détails, Diorama N° 5 : *Une scène de danse en pays sakalava*. H. S. T., H. 4,50 ; L. 8,50. Louis Tinayre. Face Ouest, Sud-Ouest du troisième niveau du *Manjakamiadana*, Musée du Palais de la Reine, état en 1993, cl. M. D. Peux.

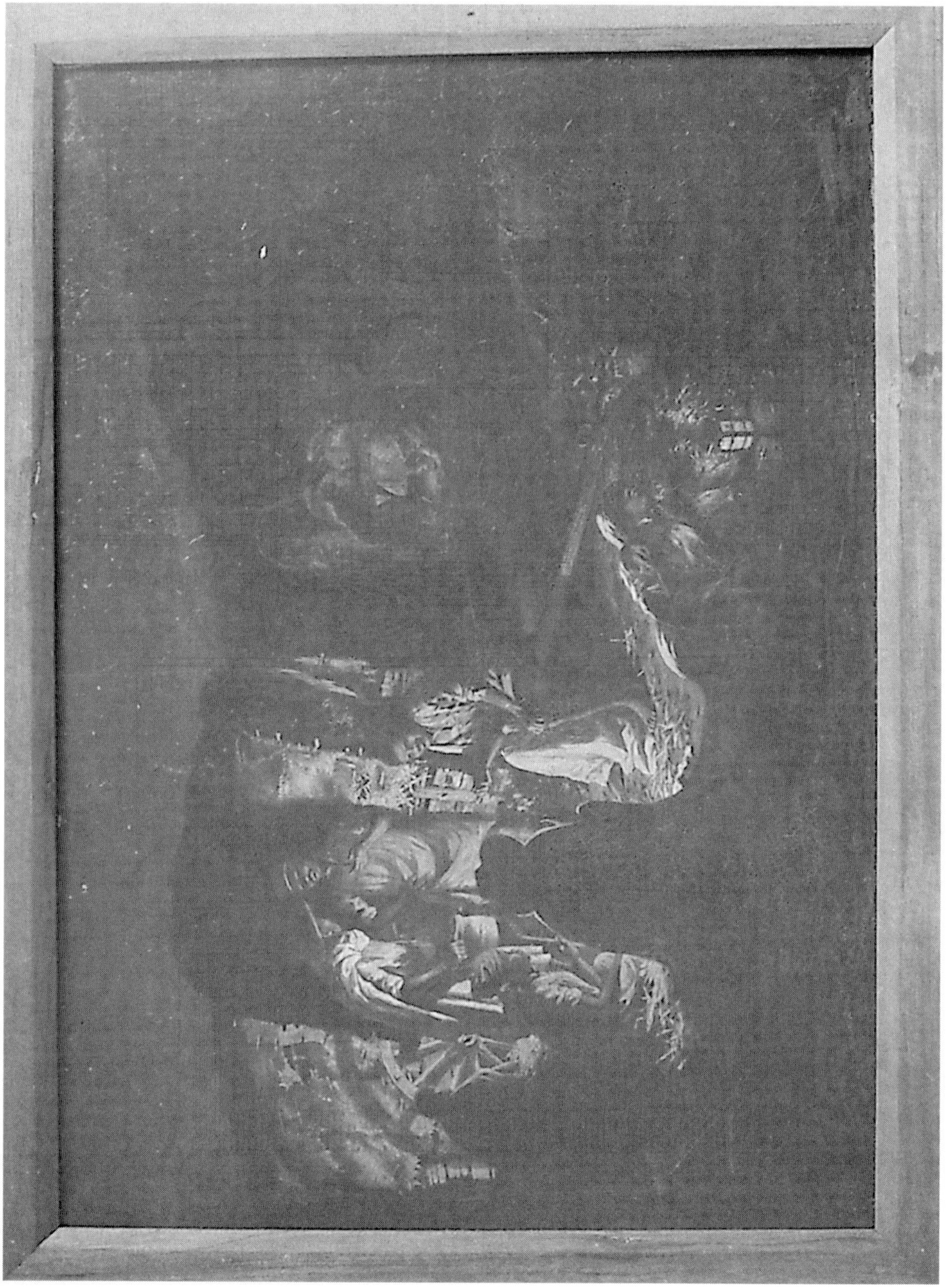

Ratovo Henri (1881-1929). *Halte de charretiers*. H. S. T., H. 0,95 ; L. 1,30. 1914, Musée du Palais de la Reine, état en 1993, cl. M. D. Peux.

Ratrena Antoine (1881-circa 1955). *Type Hova*. H. S. T. 1914-1916, Musée du Palais de la Reine, état en 1993, cl. M. D. Peux.

Rakotovao Gaston (1891-1941). *Halte de charretiers*. H. S. T., H. 0,93 ; L. 1,27. 1914, Musée du Palais de la Reine, état en 1993, cl. M. D. Peux.

Rakotovao Gaston (1891-1941). *Mpisikidy*. H. S. T., H. 0,73 ; L. 0,92. 1935, Musée du Palais de la Reine, état en 1993, cl. M. D. Peux.

Rakotovao Gaston (1891-1941). *Nu et autoportrait du peintre à l'arrière plan.*
H. S. T., H. 0,85 ; L. 0,68. 1923, Musée du Palais de la Reine, état en 1993, cl. M. D. Peux.

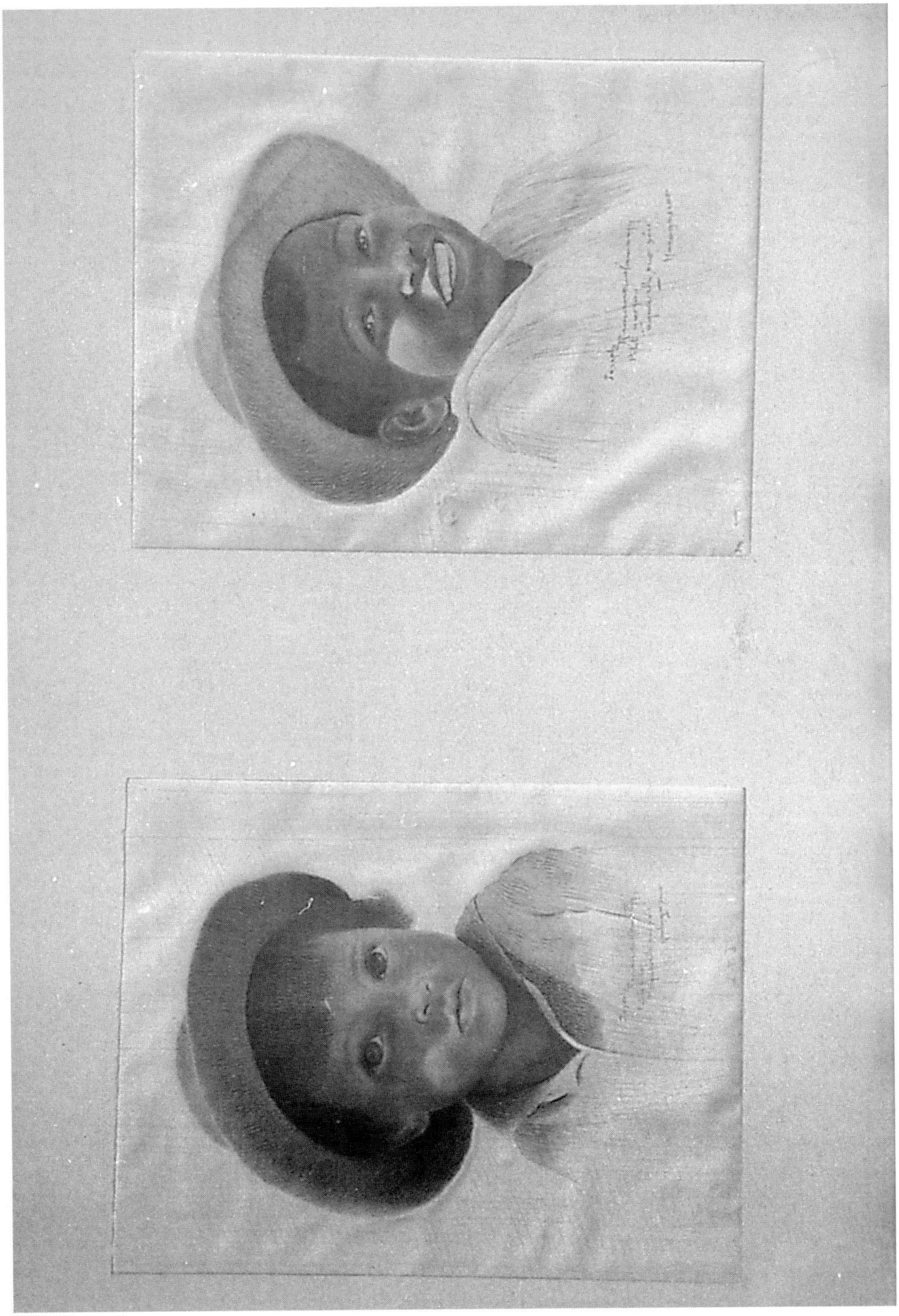

Ramanankamonjy Joseph (1895-1984). *Petite fille, Petit garçon*. Aquarelle sur soie, H. 0,57 ; L. 0,70. Musée du Palais de la Reine, état en 1993, cl. M. D. Peux.

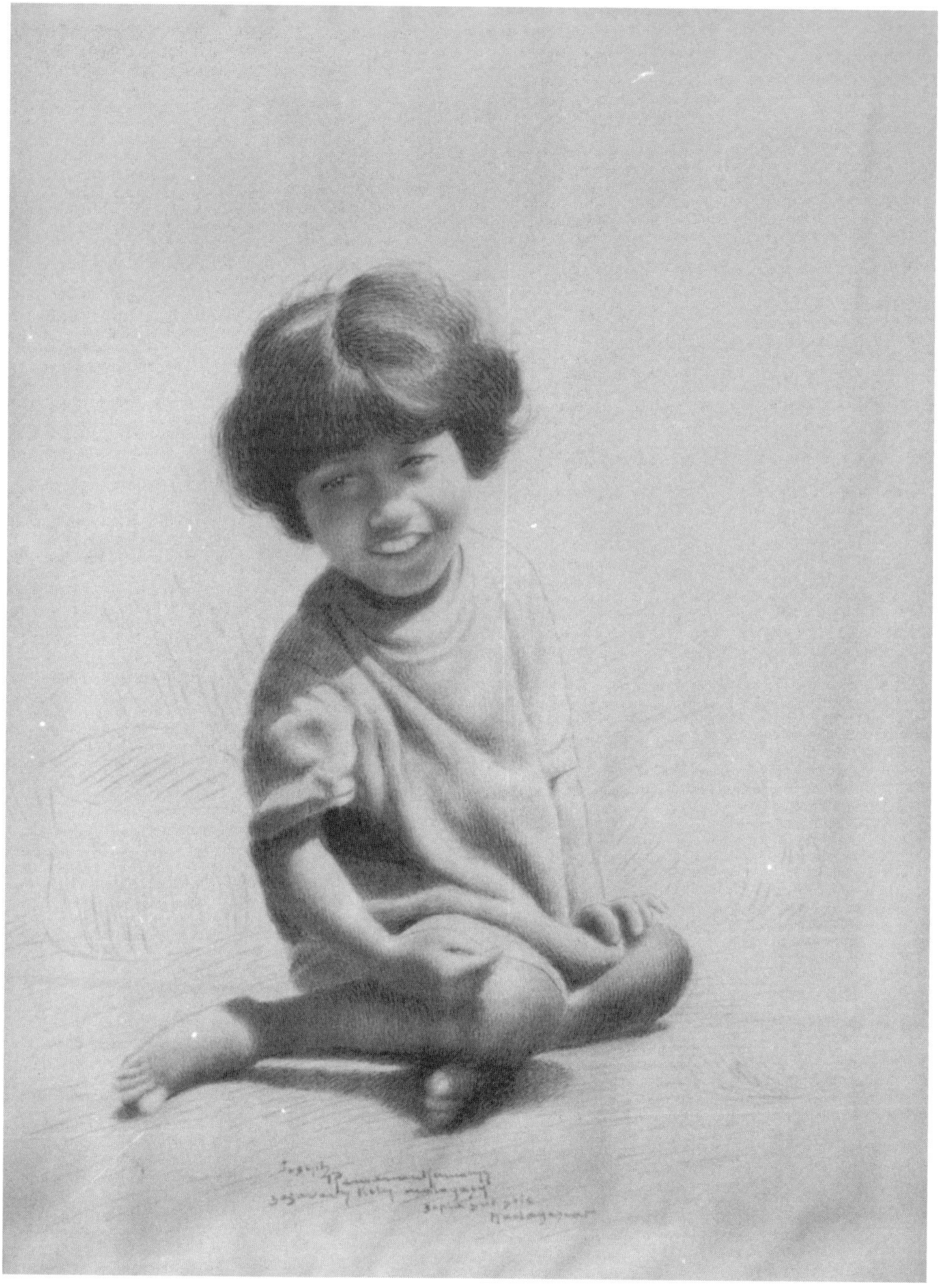

Ramanankamonjy Joseph (1895-1984). *Zazavavy kely malagasy*. Sépia sur soie, Musée du Palais de la Reine, état en 1993, cl. M. D. Peux.

Rambinintsoa Jean (1899-?). *Scène de marché*. H. S. T., H. 0,73 ; L. 0,85.
Musée du Palais de la Reine, état en 1993, cl. M. D. Peux.

Rambinintsoa Jean (1899-?). *Scène de marché*. H. S. T., H. 0,40 ; L. 0,65. 1979, Musée du Palais de la Reine, état en 1993, cl. M. D. Peux.

Razanamaniraka (1900-1944). *Madagascar dans les jardins de Vincennes.*
H. S. T., H. 1,07 ; L. 0,90. 1931, Musée du Palais de la Reine, état en 1993, cl. M. D. Peux.

Ramanda Albert (1901-1959). *Scène de marché*. H. S. T., H. 0,52 ;L. 0,62. 1953, Musée du Palais de la Reine, état en 1993, cl. M. D. Peux.

Ramanda Albert (1901-1959). *Scène de village*. H. S. C., H. 0,52 ; L. 0,46. 1958, Musée du Palais de la Reine, état en 1993, cl. M. D. Peux.

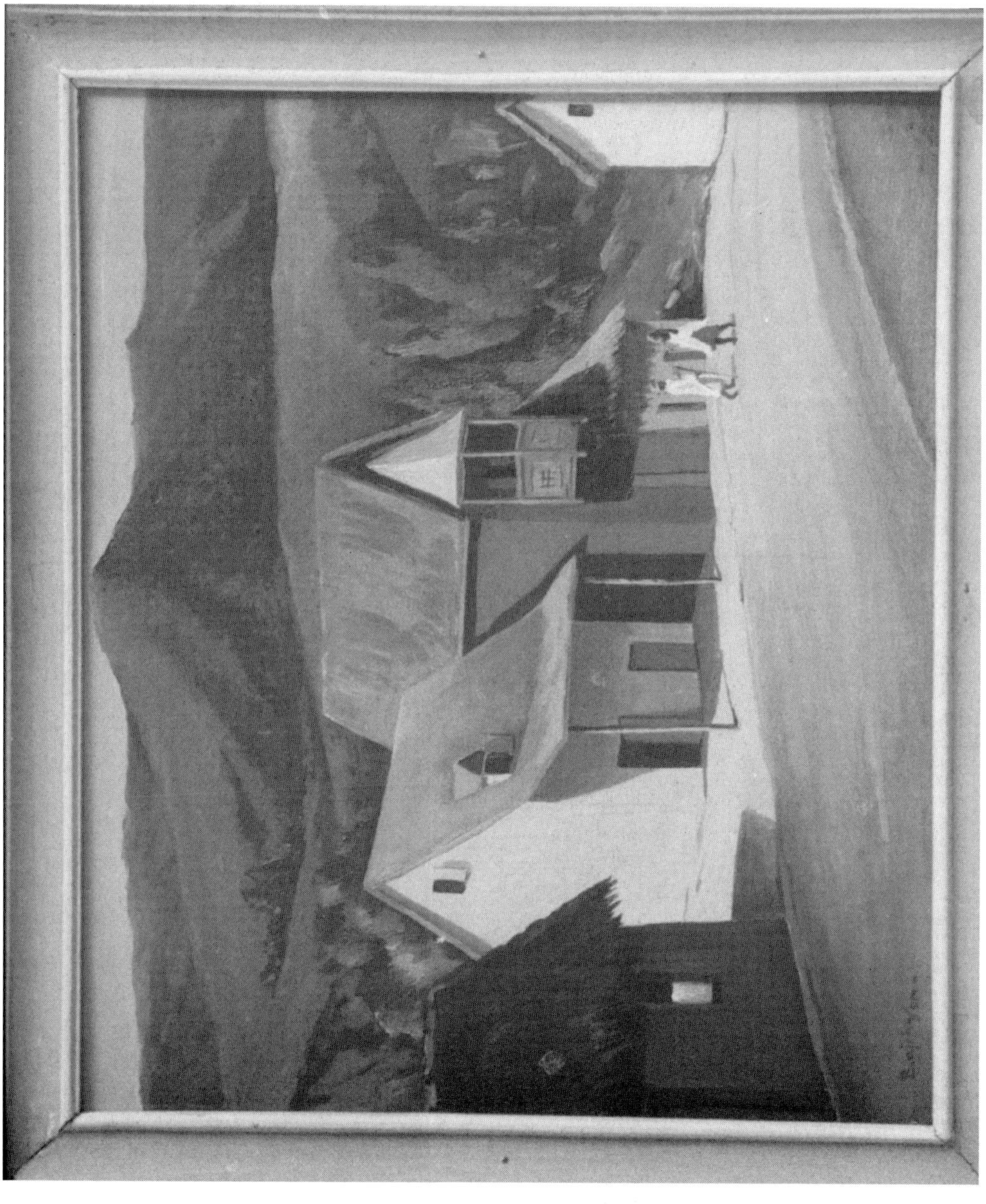

Rajohnson Louis (1910-?). *Maisons*. H. S. B., H. 0,49 ; L.0,56.
Musée du Palais de la Reine, état en 1993, cl. M. D. Peux.

Razafimahatratra Pierre (1910-?). *Scène de village*. H. S. B., H. 0,78 ; L. 1,03.
Musée du Palais de la Reine, état en 1993, cl. M. D. Peux.

Rasolomanitra Robert (1911-1944). *Paysage des Hautes Terres*. H. S. T., H. 0,85 ; L. 1,03. 1935, Musée du Palais de la Reine, état en 1993, cl. M. D. Peux.

Rasamizanany Louis (1911-1953). *Quartier du Palais de la Reine*. H. S. T., H. 0,65 ; L. 0,76. 1934, Musée du Palais de la Reine, état en 1993, cl. M. D. Peux.

Rasamizanany Louis (1911-1953). *Village et rizières*. H. S. T., H. 0,54 ; L. 0,84.
1936, Musée du Palais de la Reine, état en 1993, cl. M. D. Peux.

Razanamandroso Delphine (1913-?). *Au village*. H. S. B., H. 0,40 ; L. 0,50.
Musée du Palais de la Reine, état en 1993, cl. M. D. Peux.

Randriamampita Jules Claude (1913-1968). *Paysage de la côte Est.* H. S. T., H. 0,62 ; L. 0,68.
Musée du Palais de la Reine, état en 1993, cl. M. D. Peux.

Razafinjohany Alfred (1913-?). *Composition*. H. S. T., H. 0,90 ; L. 1,10.
Musée du Palais de la Reine, état en 1993, cl. M. D. Peux.

Ranivoson (1915-1981). *Le Rova de Tsinjoarivo*. H. S. T., H. 0,53 ; L. 0,75.
Musée du Palais de la Reine, état en 1993, cl. M. D. Peux.

Ranivoson (1915-1981). *Marine*. H. S. T., H. 0,69 ; L. 0,84, 1939, Musée du Palais de la Reine, état en 1993, cl. M. D. Peux.

Ranivoson (1915-1981). *Paysage Ampefy ?*. H. S. T., H. 0,75 ; L. 0,91. 1939, Musée du Palais de la Reine, état en 1993, cl. M. D. Peux.

Ranjatovo Bemard (1916-1985). *Paysage de la côte Est*. H. S. T., H. 0,74 ; L. 0,58.
1935, Musée du Palais de la Reine, état en 1993, cl. M. D. Peux.

Achevé d'imprimer sur les presses de l'Imprimerie BARNÉOUD
B.P. 44 - 53960 BONCHAMP-LÈS-LAVAL
Dépôt légal : juin 2000 – N° d'imprimeur : 11969